목차

- Preface 9

- Part 1. 어린 선수의 훈련 15
    Part 1-1 운동기술 관련 체력요소 17

- Part 2. 포환던지기 25
    Part 2-1 글라이드(Glide)와 회전식 기술(Rotational Technique) ... 26
    Part 2-2 회전식 포환던지기(Rotational Shot Put) 33

- Part 3. 원반던지기 45
    Part 3-1 원반던지기(Discus Throw) 46

- Part 4. 전형적인 실수(Typical Faults) 67
    Part 4-1 관찰 및 실수 판단 68
    Part 4-2 선수의 실수 유형 71

- Part 5. 드릴(Drills) 83
    Part 5-1 Basic Rotation Drill 87
    Part 5-2 Hip to Hurdle 95
    Part 5-3 Pop-Ups Drill 96
    Part 5-4 Banded Twister(Side Start) 98
    Part 5-5 Cone Drill 100
    Part 5-6 Wall Drill 102

목차

- Part 6. 주기화 109
    - Part 6-1 주기화란? 110
    - Part 6-2 주기화 훈련주기 111
    - Part 6-3 훈련 세션 계획하기 116

- Part 7. 트레이닝 121
    - Part 7-1 트레이닝의 개념 122
    - Part 7-2 트레이닝의 원리 124
    - Part 7-3 스피드 향상을 위한 특이적 스트렝스 훈련
          VS 웨이트 트레이닝 127
    - Part 7-4 Strength(Barbell Training) 130
    - Part 7-5 3대 웨이트 트레이닝 132
    - Part 7-6 웨이트 트레이닝 세트법 143
    - Part 7-7 플라이오메트릭(Plyometric) 146
    - Part 7-8 메디신 볼(Medicine Ball) VS 월 볼(Wall Ball) 150

- Epilogue 166

- 참고문헌 176

- 그림목차 178

- 표목차 181

Preface

사람들이 모여 체육을 중심으로 경기나 놀이를 하는 모임을 운동회라고 한다. 1896년 영국인 교사 허치슨(W.du.F.Hutchison)의 지도 아래 동소문 밖 삼선평(서울 성북구 삼선교 인근)에서 영어학교 학생들이 소풍과 운동을 겸한 야외놀이 행사를 하였다. 이 행사는 최초의 근대식 운동회이자 육상경기 대회였으며, 이를 '화류회'라고 하였다. '더 빨리 달리고', '더 높이 뛰고', '더 오래 달리려는' 인간의 본능을 표출하며, 경쟁화한 운동회가 1905~1910년에 전성기를 맞이하며 이 때부터 육상경기가 주가 되는 정부기관의 공식적인 연합운동회가 열렸다.

1910년 근대적 의미의 한국 육상경기 대회가 개최된 후 110년 이상의 시간이 지난 지금, 대한민국은 1988년 서울 올림픽대회, 2002년 부산 아시아경기대회, 2011년 대구 세계육상선수권대회 등을 성공적으로 개최하면서 세계적 스포츠 강국으로 부상하고자 지도자와 선수, 관련된 모든 이들의 노력으로 이어졌다. 그 결과, 2020년 도쿄 올림픽대회 육상 남자 높이뛰기에서 우상혁 선수가 대한민국의 올림픽 역사상 트랙과 필드 통틀어 개인전 최고 순위를 기록하였다. 이후 2022년 육상 다이아몬드리그 도하대회 남자 높이뛰기에서 2.33m

를 넘으며 한국 육상 사상 최초로 다이아몬드리그 우승, 미국 오리건주 유진에서 열린 세계선수권대회에서 대한민국 육상 사상 최초 세계선수권대회 은메달을 획득하는 쾌거를 이루었다. 우상혁 선수의 성과는 2011년 대구 세계육상선수권대회 개최 이후, 한국 육상경기에 대한 현실과 국민적 기대에 부응하지 못한 육상인들에게 위로와 희망을 주었다.

지도자와 선수는 누구나 최고 기량의 선수를 지도하는 희열을 원하거나, 최고의 기량을 선보이는 스타가 되기를 고대한다. 인간의 기본적인 움직임을 근간으로 하는 달리기, 던지기, 뜀뛰기, 걷기 등 육상 종목의 이벤트를 관람하는 모든 이들도 경이로움과 감동, 희열을 느낄 수 있을 것이다.

필자는 필드 종목, 그 중에서도 포환던지기, 원반던지기를 수년간 지도하면서 우수 선수의 지도와 코칭으로 쌓아온 지식을 공유하여, 투척 발전에 기여하고자 한다. 이 책에는 성공적인 미래와 자신의 목표를 달성하고자 하는 이들에게 도움이 되는 디테일한 기술 소개와 다양한 훈련 방법이 포함되어 있다. 필자는 종목 이론, 훈련 용어의 정형화, 소도구의 훈련법, 기술적 세밀함에 대한 내용을 전달하고자 한다. 물론 어린 나이의 선수, 대학이나 일반 실업 선수들, 첫걸음을 내딛는 지도자, 성공적 지위에 있는 선수 및 지도자들이 사용하는 훈련법은 각기 다르다. 하지만 기본적인 목표를 둔 훈련 및 지도 원칙은 맥을 같이 해야 한다고 생각한다.

이 책은 회전식 포환던지기(Rotational Shot Put)와 원반던지기(Discus Throw)에 관한 기술을 중점적으로 다루었고 이러한 내용들이 경기력 향상을 원하는 코치와 선수에게 도움이 되기를 바란다.

본문 내용은 독자들의 이해를 돕기 위해 쉽게 풀어 쓰려고 노력하였으나 이 책에서 사용한 훈련 용어 등에 있어 다소 부족한 점이 있으리라 생각된다. 이는 기술적 동작 용어를 정형화하고, 코치와 선수의 의사소통과 훈련을 용이하게 하기 위한 노력으로 이해해 주기를 바란다.

Part 1

Part 1. 어린 선수의 훈련

그림 1.
어린 선수의 훈련

지도자는 선수의 생물학적 발달과 연령을 고려하여 지속적으로 관찰해야 한다. 그렇지 않을 경우, 선수의 재능을 오판할 수 있기 때문이다. 현장에서 어린 선수를 지도하는 많은 지도자는 우리 사회에 팽배한 성적 지상주의로 인해 자신의 교육관 및 가치관을 펼칠 수 없다는 현실에 좌절하기도 한다.

경험이 적은 어린 선수는 성장 과정 속에서 경기 결과가 우선적인 목표가 되어서는 안된다. 지도자는 경쟁 상황에 놓인 선수가 더 좋은 경기력을 낼 수 있도록 적극 유도하지만 어떤 선수는 경쟁 상황 속에서 경각심과 집중력이 떨어져 경기력과 사기가 다운되기도 하고, 반면 경쟁 상황 속에서 지도자와 선수가 생각지 못했던 더 좋은 경기력과 발전적 결과를 낳기도 한다. 이렇듯 경험이 많지 않은 어린 선수는 이러한 경쟁 상황에서 판단 할 수 있는 상황 판단 능력이 부족할 수 있다. 지도자는 열등감에 사로잡힌 어린 선수에게는 특별한 칭찬으로 고무시키고 훈련 과정과 노력의 소중함을 깨닫게 해야 하며, 불공정이 아닌 공정으로 진정성 있는 목적과 결과를 고취 시킬 필요가 있다.

어린 선수의 생물학적 발육 촉진과 특정 연령군의 전문적 운동수행 능력을 발달시키기 위해서 우수한 지도자는 기본적으로 성장 및 연령에 부합하는 다양한 자극으로 생물학적 기능과 근신경의 협응 능력, 광범위하고 다양한 운동기능의 발달을 중점으로 지도한다. 2013년 하이네마이어 외(Heinemeier et al.)는 아킬레스건을 생체 검사하여 힘줄과 결합조직의 최대 성장은 17세 이후 중단된다는 결과를 보고하였다. 이를 바탕으로 탄력성이 좋은 선수가 되는 것은 어린 나이에 결정될 수 있으며, 성장 후에는 바뀌기 어려울 가능성이 있다고 한다. 선수의 성장은 개개인이 다를 수 있으므로 특정 시기를 말하기는 어렵지만 청소년기가 힘줄 성장에 있어 매우 중요한 시기인 것은 분명하다. 따라서 웨이트 트레이닝에 집중하는 것보다는 종목에 맞는 질 높은 수준의 훈련을 통해 스피드 향상에 관련된 근막(Fascia)과 힘줄(Tendon)을 만들고 기술적 이해도와 협응력 향상을 통해 경기력 향상의 기초적 틀을 만드는 것이 중요하다.

Part 1-1 운동기술 관련 체력요소

1. 체력적 능력 형성

대부분 지도자는 운동을 시작하는 선수에게 첫 번째로 체력적 능력의 부족을 들며 체력부터 키우라고 한다. 당연한 이치이다. 모든 협응력이 필요한 기술적 행동의 근본이 되는 힘, 즉 체력적 능력이 뒷받침되어야 한다. 따라서 스피드, 근력, 지구력, 유연성 네 가지의 체력적 요인을 발달시키기 위해 선수의 특성에 맞게 향상해야 한다.

많은 선수가 체력적 측면을 기본으로 훈련하며 이를 토대로 할 때, 경기력에 관한 다른 여러 요인에도 영향을 주어 훌륭한 경기 결과를 나타낸다. 하지만 주의해야 할 점도 있다.

첫 번째로, 체력적 능력만 강조되었을 때 훌륭한 경기 결과를 단기간에 만들어 낼 수 있다. 하지만 '세 살 버릇 여든까지 간다.'라는 속담이 있듯이 기본 기술을 학습할 시기를 놓쳐버려 잘못된 습관이 형성되고 이를 반복적으로 학습할 때 몸에 익숙해져 나중에 수정하기 힘들어진다.

두 번째로, 성장 과정에 있는 어린 선수에게 체력 향상을 위하여

Part 1

연령에 맞지 않는 부하를 주어 성장을 방해하거나, 부상을 입을 수 있다. 또한 성장하는 과정에서 훈련의 기준점에 무리가 따를 수 있다. 과도한 훈련으로 향상된 체력은 선수의 발달 과정에서 부적절한 부하를 제시할 수 있다.

세 번째로, 우리는 소년체육대회에서 부별 신기록을 세우며 두각을 보이는 선수가 어느 순간 경기장에서 사라지는 경우를 볼 수 있다. 조기에 최고의 기량을 발휘할 수 있는 연령의 시기가 앞당겨짐에 따라 이후의 성장 과정에서 극심한 경쟁과 과도한 훈련으로 신체적·정신적 피로감을 호소하며, 무기력해지는 현상, 즉 ●번아웃(Burnout)으로 연결되기도 한다.

● 번아웃(Burnout):
과도한 활동과 스트레스로 인해 정신적, 육체적으로 지친상태

2. 협응 능력 형성

협응력은 신체의 신경 기관, 운동 기관, 근육 등 서로 호응하며 조화롭게 움직일 수 있는 능력으로 원하는 동작의 목적에 따라 만들어지는 신체의 상대적 움직임이다. 육상 종목은 '더 빨리 달리고', '더 멀리 던지기', '더 높이 뛰고', '더 오래 달리려는' 인간의 본능을 기본적으로 경쟁을 한다. 어린 선수도 목표를 성취하기 위해 근육, 신경, 관절 등을 조화롭게 사용하여야 훌륭한 퍼포먼스가 가능하다. 즉, 목표를 위해서는 소유한 체력의 최대한 이용, 최고의 퍼포먼스, 신체의 회복, 선수의 부상 방지 등은 협응 능력의 습득 양에 따라 결정된다.

협응 능력 발달은 모든 훈련 형태에서 일어난다. 어린 선수는 한 종목에 국한된 훈련보다는 여러 가지 훈련을 통하여 다양한 정보와 경

험을 갖고 신체의 움직임에 대한 이해도를 높여야 한다. 이 과정에서 어린 선수는 신경 과정이 유연하고 아직 충분히 형성되지 않은 채로 운동 정보와 형태가 쉽게 저장된다.

이때 새로운 환경이나 자극을 끊임없이 받아들이는 어린 선수는 잘못된 상식과 기술 또한 반복적으로 오랜 기간 습득하면 습관이나 아집으로 바뀌고 만다. 잘못된 습관을 고치기 위해 새로운 반복 학습을 하게 되면 서서히 뇌 가소성(Brain Plasticity)을 통해 변화하게 되지만 새로운 뇌신경 회로를 연결되는 기간이 오래 걸리기 때문에 지도자는 정확한 움직임과 정보를 제공해야 한다. 지도자는 기본 학습 단계로 첫 번째, 학습할 동작에 관해 설명을 하고 정확한 시범을 보여야 한다. 이후 연습을 실시하며, 복잡한 부분은 단계별 부분 동작으로 실시하고, 쉬운 동작은 전체 동작으로 실시한다. 몇 번의 연습 후 새로운 시범을 보이고 기본 원리 및 구조에 대해 설명 후 완전히 파악될 때까지 연습한다. 선수는 잘못된 점을 인식하고 수정해야 할 것과 특성에 맞는 적합한 동작을 파악해서 다시 연습에 들어가야 한다. 조금이라도 잘못된 동작은 허용해선 안 되며, 다시 원점으로 반복 연습을 실시해야 한다.

3. 기술적 기능의 발달

던지기 종목의 공통적인 특성은 ●런업(Run-up) 단계에서 ●릴리즈 포인트(Release Point)까지 최고의 운동에너지를 유지하면서 올바른 투척 각도로 기구를 힘 있게 던지는 것이다. 이것을 행하기 위해서 어린 선수와 지도자는 체력적 요소와 협응 능력 향상뿐만 아니라

●런업(Run-up) 단계:
도움닫기 단계

●릴리즈 포인트
(Release Point):
기구를 놓는 시점

올바른 던지기의 방법과 원리를 이해하고 있어야 한다. 올바른 던지기 방법과 원리를 이해하고 반복적 훈련을 통해 수행할 수 있는 준비가 되었다면, 최고의 속도에 이를 수 있는 역학적 자세와 투척 동작의 리듬을 익히기가 수월해진다. 기술 동작을 연습할 경우에 '설명-시범-연습'의 기본적인 학습 단계로 지도하되, 부적합한 동작이 나타날 경우 다시 처음으로 돌아가 잘못된 점을 인식하고 수정해야 할 것과 특성에 맞는 적합한 동작을 파악할 수 있도록 해야 한다. 지도자는 실패의 원인에 대해 파악하고 체력적이든 협응 능력이든 많은 시간을 투자해서라도 즉시 지적하고 수정할 수 있도록 지도해야 한다.

처음에는 쉬운 조건에서 기술을 익히게 해야 한다. 어린 선수는 체력적 요인, 협동 능력 등이 발달하지 않은 상태에서 무거운 기구를 들고 던지기엔 역부족일 것이다. 맨손이나 가벼운 물체를 이용해 연습하고 마지막으로 경기용 무게를 사용하여 연습해야 한다. 반복으로 연습한 기술 동작들이 완성도가 높아진 경우 경기에 출전하는 것은 찬성이지만, 아직 완숙되지 않은 선수들을 경험상의 이유로 출전시키는 것에는 반대한다. 그 이유는 경기에서 심리적, 신체적으로 극도의 긴장 상태에서 부적합한 동작들이 자주 발생하고 고정될 수 있기 때문이다. 만약 꼭 경기를 해야 할 경우, 선수에 대한 과제 등급을 낮춰 긴장감을 줄이고 동기유발을 시켜야 한다.

Part 2. 포환던지기

Part 2-1 글라이드(Glide)와 회전식 기술(Rotational Technique)

포환던지기는 여러 가지 탄생설이 전해진다. 스코틀랜드 지방에서 목장의 경비원들끼리 힘겨루기로 무거운 돌을 던진 것이 포환던지기의 시작이라는 설과 17세기 영국에서 성행했던 대포알 던지기가 시작이라는 설, 트로이 전쟁 때 군인들의 돌 던지기에서 기원했다는 설, 고대 켈트족 놀이인 돌 던지기와 같은 전통에서 유래했다는 설 등이 있다.

미학적 사고를 가진 고대 그리스인들은 원반던지기와 창던지기를 좋아했지만 포환던지기는 고대 그리스에서 인기가 없었다고 한다. 기원전 450년, 우리에게도 익숙한 고대 그리스 조각가 미론의 '원반 던지는 사람(Discobolus)' 작품을 보더라도 원반던지기는 고대 그리스인들이 매우 사랑했던 경기였음을 짐작할 수 있다.

역사적으로는 스코틀랜드와 잉글랜드에서 다양한 형태의 스톤을 사용한 육상 경기에 대한 기록이 있으며, 이후 제1회 근대 올림픽인 1896년 아테네 대회부터 정식 종목으로 시행되었다.

그림 2.
포환던지기
(글라이드)

포환던지기 용기구 및 장비 규칙

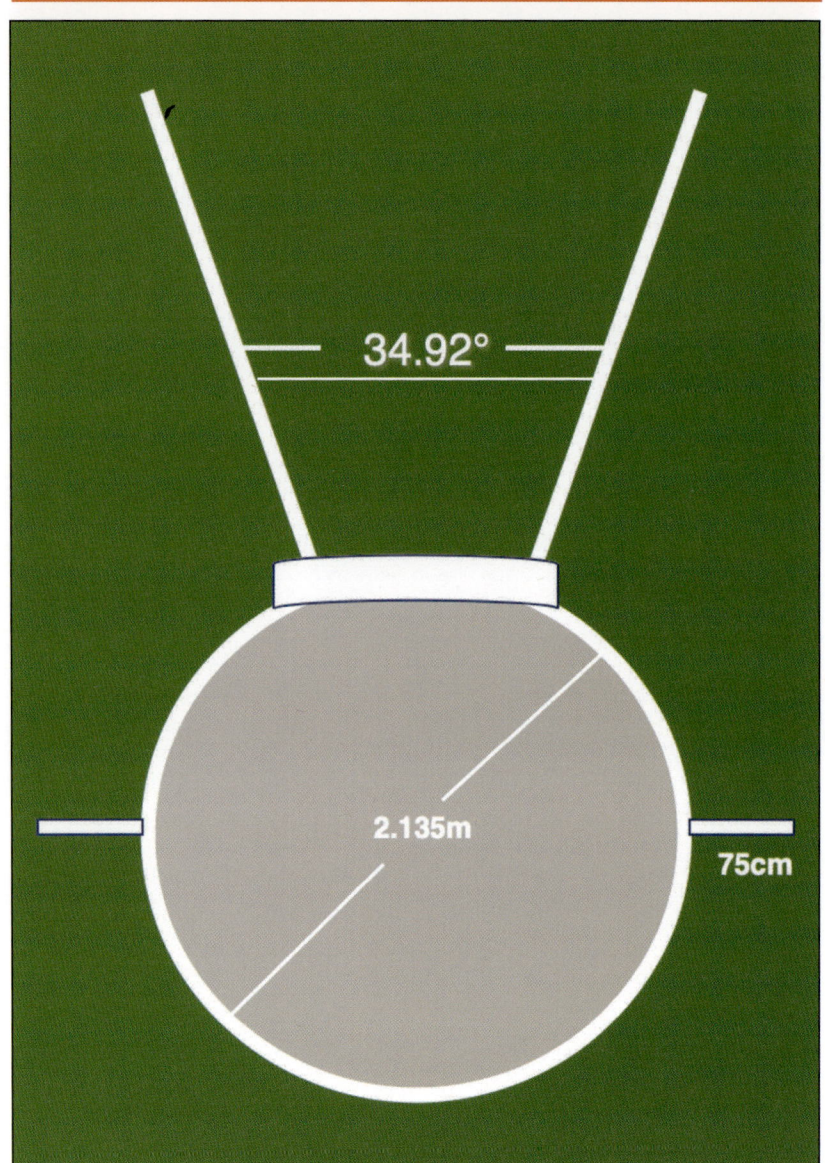

그림 3
포환던지기 용기구 및
장비 규칙

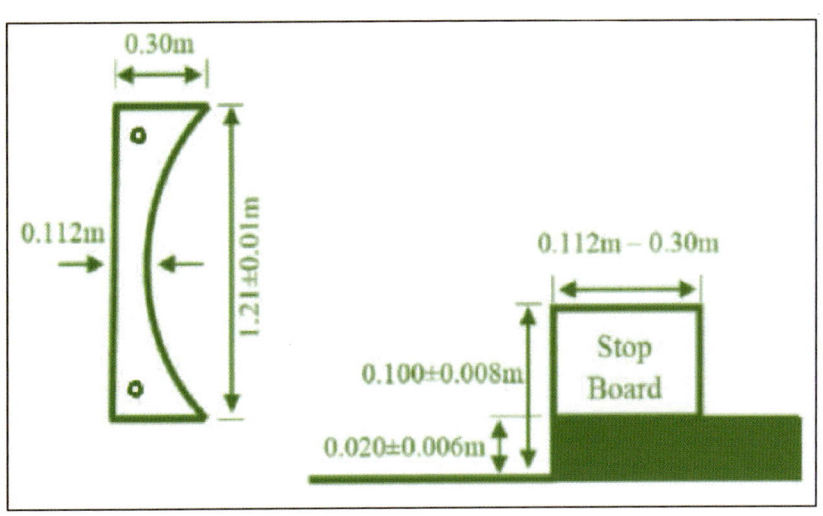

포환던지기 장비 규칙

포환	여자		남자				
포환	여초/여중/U18	여고/U20/일반	남초	남중	U18	남고/U20	일반
무게 (kg)	3.000	4.000	3.000	4.000	5.000	6.000	7.260
직경 (mm) 최소	85	95	85	95	100	105	110
직경 (mm) 최대	110	110	110	110	120	125	130

Part 2

포환던지기는 바닥에 지름 2.135m의 서클 안에서 포환에 가장 큰 힘을 주어 밀어내는 경기이다. 따라서 포환에 어떻게 큰 힘을 주는가에 모든 기술이 집중된다.

포환은 견고한 철구, 황동구, 황동보다 부드럽지 않은 금속구 또는 속에 납이나 그 밖의 물질을 채운 철, 황동과 같은 금속으로 만들어야 한다. 구 모형으로 표면은 끝마무리가 매끈해야 한다. 그렇지 않으면 손이나 목에 상처를 입을 수 있기 때문이다.

현재 포환던지기는 크게 두 가지 기술이 사용되는데, 글라이드(Glide)와 회전식 기술(Rotational Technique)이 있다.

●토크(Torque): 물체를 회전시키는 힘

글라이드는 일반적으로 네 가지 투법(던지는 방법)으로 분류하는데, 오소톡크스식, 휴크스식, 오브라이언식, ●토크(Torque)식 투법으로 나눌 수 있다. 오소톡크스식과 휴크스식은 주로 1950년대 이전에 사용했던 기술로 옆을 보고 서서 준비 자세를 취하고 던지는 기술이었다. 그러나 미국의 캘리포니아주 산타모니카에서 태어난 윌리엄 오브라이언(William Parry O'brien)은 1951년 서클 안에서 180°로 돌아선 채 스텝을 시작하는 새로운 투법을 창안하여 포환던지기의 혁명을 가져왔다. 토크(Torque)식은 오브라이언식을 발전시켜 파워포지션 동작에서 오른발을 90°로 놓는 것이 특징이다. 1956년 그는 19m를 던진 첫 포환던지기 선수가 되었으며 1953년부터 1959년 사이에 16번이나 세계신기록을 수립하였다.

회전식 기술(Rotational Technique)의 역사를 살펴보면 빅토르

알렉세예프(Viktor Alexeyev)에 의해 고안된 후, 1970년 초 알렉산드르 바리시니코프(Aleksandr Baryshnikov)가 회전식 기술을 사용하여 19.20m를 기록하였을 때만 해도 대부분의 관계자는 이 기술의 전망이 밝지 않다고 하였다. 1976년 그가 22.00m를 던져 새로운 세계 신기록을 수립하자, 많은 관계자들은 그들의 주장을 철회해야 했다. 미국의 브라이언 올드필드(Brian Oldfield) 선수가 22.86m, 데이브 로트(Dave Laut) 선수가 22.02m를 던졌고, 이후 같은 회전식 기술로 1990년 랜디 반스(Randy Barnes)가 23.12m로 세계기록을 수립하였다. 2022년에는 라라이언 크라우저(Ryan Crouser)가 미국 오리건 주 유진에서 열린 도쿄 올림픽 미국 대표 선발전에서 23.37m을 던져 세계 신기록을 수립하였다. 또한 그는 2023년 2월 19일에 미국 아이다호 주 포커텔로에서 열린 실내 육상 심플로트 게임에서 23.38m를 던져 이전 기록인 22.82m 보다 무려 66cm를 더 던졌으며, 실내외 통합 세계기록을 수립하였다. 이에 그치지 않고 3개월 후, 2023년 미국 로스앤젤레스 그랑프리에서 자신이 개발한 새로운 기술 'Step Across'로 23.56m를 던져 종전 기록에서 19cm를 더 끌어올렸다.

우리나라의 경우 2010년 황인성 선수가 글라이드 기술로 18.86m 던져 한국 신기록을 수립하였으나 회전식으로 바꾼 정일우 선수가 한국 최초로 19m를 넘겼으며, 2015년 두 차례나 한국 신기록을 갈아치우면서 19.49m를 달성하였다. 과거 투척의 강국인 독일뿐만 아니라 유럽의 여러 국가의 선수는 회전식 포환던지기를 선호하지는 않았지만 현재는 많은 선수가 회전식 기술을 활용하고 있으며, 미국의 TOP5 선수는 모두 회전식을 사용하고 하고 있다. 제31회 리우 올림픽, 제32회 도쿄 올림픽, 2019년 제17회 세계육상선수권대회, 2022년 제18회 세계육상선수권대회 등의 대회에서 남자 포환던지기 경기를 살펴보면, 1위부터 3위 모든 선수가 이 기술을 사용하고 있고 결선에 진출한 선수 중 대부분 이 기술을 사용하고 있어 우수성을 증명하고 있다.

자메이카의 오데인 리차즈(O'dayne Richards) 선수는 177cm의 신장으로 2016년 리우 올림픽에서는 20.64m를 던졌지만, 최고 기록은 21.69m이고 나이지리아의 추쿠에부카 에네퀘치(Chukwueduka Enekwechi) 선수는 181cm의 상대적으로 작은 신장에도 21.18m를 던진 선수라는 점에서 회전식 기술의 우수성을 단적으로 보여 주고 있다. 2019년 도하 세계육상선수권대회에 참가한 회전식 기술을 구사하는 선수의 평균 신장과 체중으로 비교해 볼 때, 우리나라 선수들도 충분히 가능이 있다.

Part 2-2 회전식 포환던지기(Rotational Shot Put)

모든 테크닉에는 장단점이 있다. 다른 기술에 비해 회전식 포환던지기가 제공하는 큰 장점은 글라이드에 비해 선수와 포환 모두 써클 안에서 훨씬 먼 거리를 이동하여 결과적으로 포환을 던지는 릴리즈 단계까지 더 증가한 운동에너지를 가질 가능성이 높다는 것이다.

단점으로는 포환던지기 써클(2.135m)은 원반던지기 써클(2.5m)에 비해 작아 턴(Turn)을 더 타이트(Tight)하게 돌아야 한다는 점이다. 원반던지기에 사용되는 원반은 포환에 비해 무게가 가볍고 팔의 끝에 있어 회전축을 이동하거나 컨트롤이 용이하지만, 반면 포환던지기 같은 경우 포환이 무겁고 목에 붙어 있어 균형을 잡거나 컨트롤이 어렵다는 단점이 있다. 또한 글라이드는 비교적 단순하지만, 회전식 기술(Rotational Technique)은 직선적인 힘(Linear Force)과 회전력(Rotation Force)이 같이 이루어지고, 다양한 지지 위치에서 더 많은 움직임과 이동을 함으로써 더 많은 균형 감각과 신체 제어가 요구된다.

하지만 선수는 회전식 포환던지기에 대해 고민해 볼 만한 가치가 있다. 회전식 포환던지기가 주는 장점인 런업(Run-up) 단계에서 파워 포지션(Power Position)까지 몸과 포환을 이동하는 속도 및 거리를 증가시키고 이때 생성된 에너지와 몸을 제어할 수 있다면, 포환을 더 멀리 던질 수 있다.

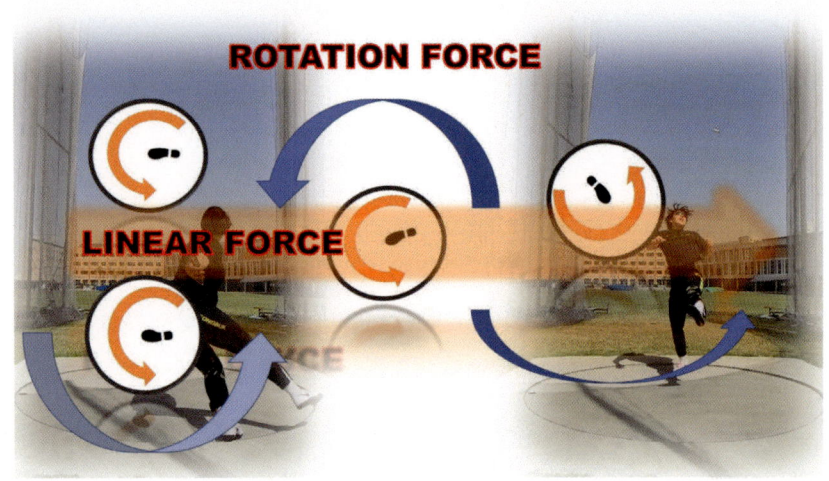

그림 4.
힘의 공존

1. 그립과 팔 위치(Grip and Arm Position)

포환던지기 그립은 글라이드와 동일하다. 엄지손가락이 땅을 향하도록 잡을 때 포환을 잘 지탱하여 고정해 주는 역할을 하며, 새끼손가락 또한 같은 역할 또는 네 손가락이 포환을 밀어주는 역할을 하면 된다. 턱 아래나 목 주위, 귀 아래 등 여러 곳에 포환을 위치하여 연습하며, 자기에게 가장 맞는 위치를 정한다. 써클 안에서 동작할 때 편안함과 안정감을 줄 수 있고, 포환의 운동에너지와 운동량(Kinetic Energy & Momentum)이 잘 전달되는 지점을 선택하면 된다.

2. 시작 자세(Starting Stance)와 와인드 업(Wind up)

시작 자세(Starting Stance)는 던지는 방향, 즉 6시 방향을 등지고 12시 방향에 선다. 두 발의 위치는 선수 개개인에 따라 다르지만 보통 어깨너비 정도나 조금 넓게 놓는다. 랜디 반스(Randy Barnes)의 23.15m의 기록을 31년 만에 25cm를 넘어선 23.37m의 기록으로 세계신기록을 수립한 라이언 크라우저(Ryan Crouser), 22.90m의 오세아니아 신기록을 보유한 탐 월시(Tom Walsh)는 왼쪽 발을 앞에 놓는 선수이며, 라이언 크라우저(Ryan Crouser)와 어깨를 나란히 하며, 실외 23.23m, 실내 22.05m의 엄청난 기록을 보유한 조 코박스(Joe Kovacs)는 와이드 스탠스(Wide Stance)를 취하는 선수이다. 시작 자세(Starting Stance)에 관해서는 개인의 선택에 맡긴다.

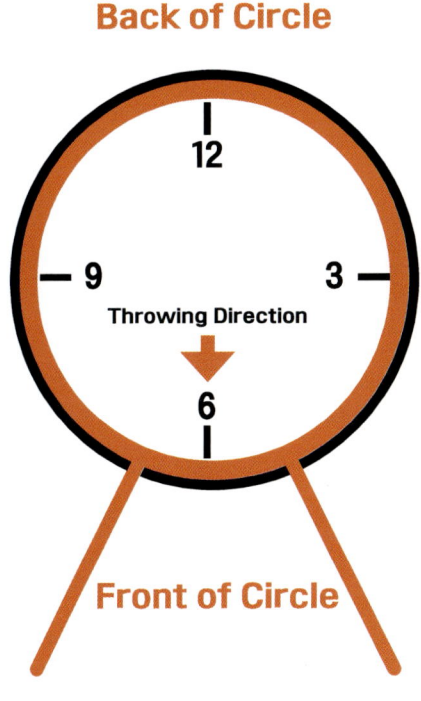

그림 5.
던지는 방향

●릴리즈(Release) 단계:
던지는 동작에서 기구를 날려 보내는 단계

●와인드 업(Wind up):
Back 단계 구간에서 큰 에너지를 갖기 위해 몸을 시계태엽처럼 돌리는 동작

●코일링(Coiling):
몸통의 비틀림이나 꼬임

이때 원반던지기 자세와 비교하면, 포환던지기는 포환의 무게 때문에 상체와 무릎을 약간 구부린 자세를 취한다. 그러지 않으면, ●릴리즈(Release) 단계까지 여러 단계에서 회전 시에 불안정한 상태가 될 수 있다. 이 동작에서 첫 번째 운동에너지와 운동량(Kinetic Energy & Momentum)을 생성하는 단계가 만들어져야 하며, 안정적이고 균형 잡힌 움직임이어야 한다. 이를 위해 약간 구부린 상체와 무릎을 유지하고 오른쪽으로 몸을 감는 것을 ●와인드 업(Wind up)이라고 한다. 이 자세를 완성함으로써 처음으로 가속을 내는 단계가 만들어진다.

3. 턴의 시작(Entry into the Throw)

와인드 업(Wind up) 이후 몸통의 ●코일링(Coiling)을 유지하면서, 체중을 오른쪽에서 왼쪽으로 이동시킨다. 이때 앞에서 설명하였듯이 선수 개개인마다 와인드 업(Wind up) 동작이 다를 수 있음으로 다소 차이가 있을 수 있다. 오른쪽 다리를 스케이트보드 밀 듯 밀거나 앞에 공을 차듯 오른발을 빠르게 움직여 단일 지지단계로 접어들어야 한다. 기술적으로 발전된 선수는 오른쪽으로 와인드 업(Wind up)을 한 후 거대한 운동에너지와 운동량(Kinetic Energy & Momentum)을 생성하겠지만, 초보자들은 복잡한 움직임에 많은 연습이 필요할 것이다. 이때 코일링(Coiling)이란 근육이 늘어나면서 힘이 저장되는 것, 즉 비틀림에 의한 신장성 수축으로 강한 힘을 내는 원리이다.

단일 지지단계로 접어들기 전 중심은 오른쪽에서 왼쪽, 즉 왼쪽 발볼 중앙과 왼쪽 어깨가 수직선 위에 중심이 있어야 하고, 왼쪽 팔과 오른쪽 팔은 지면과 수평을 이루어야 한다. 왼쪽 어깨는 왼쪽 무릎을 추

월해 돌아가서는 안되며, 이것을 통해 왼쪽이 너무 일찍 젖히는 것을 막을 수 있다.

이중 지지단계에서 단일 지지단계로 전환될 때 오른쪽 다리는 높게 들고 써클 앞쪽으로 향할 때, 왼쪽 다리 위에서 회전력(Rotation Force)을 제어하고 직선적인 힘(Linear Force)으로 전환해야 하므로 균형을 잡는 것은 절대적으로 중요한 일이다. 왼쪽 무릎을 ●니 다운(Knee Down) 시켜 오른쪽 다리를 빗자루질하는 것처럼 지면을 쓸 듯이, 와이드한 스윕(Sweep) 동작이 이루어져야 한다. 어깨와 골반은 지면과 수평을 이루어야 몸이 회전할 때 균형 잡기가 좋다. 스윕(Sweep) 동작이 일어난 후 오른쪽 엉덩이가 회전을 리드해야 한다. 이렇게 엉덩이가 몸을 추월하는 것을 오버테이크(Overtake) 동작이라고 한다. ●오버테이크(Overtake) 동작에서 낮은 점프(비행 단계)를 이루어질 수 있도록 왼쪽 다리가 도와주어야 한다. 스윕(Sweep) 동작 시 머리와 사타구니가 회전축이 되어 더 와이드 한 스윕(Sweep) 동작을 만들 수 있다. 이때 무릎 슬개골과 발가락은 하늘을 향해 있어야 한다.

●니 다운(Knee Down): 무릎슬개골이 지면을 향해 있는 동작

●오버테이크(Overtake): Back 단계에서 Middle 단계까지 이동할 때 스윕동작 이후 엉덩이와 다리가 몸통을 추월하는 동작

세계적인 선수들을 보면 오른쪽 다리가 늦지 않고 오른쪽 엉덩이로 리드하는 것을 볼 수 있다. 더 거대한 운동에너지와 운동량(Kinetic Energy & Momentum)을 생성하고 싶다면 와이드한 스윕(Sweep) 동작과 오버테이크(Overtake) 동작을 이해하고 연습해야 한다.

간혹 지도자들이나 ●스피너(Spinner)들은 런업(Run-up) 단계 이후 첫 번째 단일 지지 단계의 중요성을 간과하는 경향이 있다. 런업(Run-up) 단계부터 발생되는 운동에너지와 운동량(Kinetic Energy

●스피너(Spinner): 스핀 넣은 기구를 잘 던지는 선수

& Momentum)을 최대로 하여 릴리즈(Release) 단계까지 향상하고 유지해야 하는데, 단일 지지단계의 불안정한 회전축은 걸림돌이 된다. 첫 번째 단일 지지 단계에서 형성되는 회전축은 운동에너지와 운동량(Kinetic Energy & Momentum)의 증가에 기본이 되는 몸통의 회전 속도(Angular motion)와 회전 반경(Radius of gyration)을 결정짓는다.

THE BACK

그림 6
The Back
(포환던지기)

4. 비행 그리고 파워포지션(Flight and Power Position)

오버테이크(Overtake) 동작을 시작 하는 것은 몸통과 하지의 코일링(Coiling)에 의해 던지기에 필요한 회전 속도의 증가와 토크(Torque) 생성의 시작이다. 몸이 회전하면서 비행 단계에서 벗어나면, 오른쪽 다리가 착지한 후 왼쪽 어깨와 팔은 몸통의 코일링(Coiling)을 발생시키기 위해 왼쪽 어깨와 팔을 3시 방향에 멈추게 하여 코일링(Coiling)을 증가시키는데, 이는 왼쪽 다리가 비행 이후 지면에 닿을 때까지 계속한다.

비행 단계 직전 왼쪽 다리는 오른쪽 엉덩이가 잘 돌아갈 수 있도록 지지와 밀어주는 역할을 하고 이후 두 번째 스윕(Sweep) 동작으로 몸통의 코일링(Coiling) 형성을 증가시킨다.

몸통의 코일링(Coiling) 형성을 증가시킬 때 선수가 자주 하는 실수는 오버테이크(Overtake) 동작 이후 몸이 회전할 때 고개를 먼저 돌리는(Pre-turning) 것이다. 이는 왼쪽이 과회전(Over Rotation)으로 런업(Run-up) 단계부터 발생하는 운동에너지와 운동량(Kinetic Energy & Momentum)과 비틀림에 의한 몸통의 토크(Torque)가 소멸하는 문제를 발생한다. 시선과 오른쪽 가슴 방향이 되도록 던지는 방향대로 유지하고 있어야 왼쪽 다리도 몸과 가까이 위치해 스윕(Sweep) 동작을 할 수 있다.

THE MIDDLE

그림 7.
The Middle
(포환던지기)

5. 중심 이동(Delivery)

전 원반던지기 한국 신기록 보유자 정지혜 선수를 처음 지도하였을 때, 오른쪽 무릎의 니 다운(Knee Down)과 중심 이동(Delivery)을 잘 구사하여 깜짝 놀란 적이 있다. 그녀는 어깨 부상으로 창던지기를 더 이상 할 수 없어 원반던지기로 전향한 선수였다. 회전식 포환던지기를 하는 랜디 반스(Randy Barnes), 라이언 크라우저(Ryan Crouser), 탐 월시(Tom Walsh), 조 코박스(Joe Kovacs) 등 세계 우수 선수는 원반던지기 선수와 다르게 딜리버리 스탠스(Delivery Stance)가 넓지 않은 것을 볼 수 있다. 회전식을 구사하는 포환던지기 선수는 원반던지기(2.5m) 써클보다 작은 포환던지기(2.135m) 써클에서 올림과 회전(Lift & Rotation)을 추구해야 한다. 하지만 선수의 딜리버리 스탠스(Delivery Stance)가 과하게 넓어지면 올림과 회전(Lift & Rotation)을 구사하기 힘들어지고 써클 밖으로 나가 파울을 범할 수 있다.

회전식 포환던지기를 하는 선수가 중심 이동(Delivery)이 잘 안 될 때 여러 가지 문제점을 가진다. 파워포지션에서 릴리즈 포인트까지 직선적인 힘(Linear Force)이 줄어들고 그에 따라 투척하는 손에 있던 기구의 가속도 및 거리가 줄어들어 기록에 영향을 미친다.

●피벗(Pivot):
회전축

중심 이동(Delivery)을 할 때는 ●피벗(Pivot)이 이루어지는 오른쪽 발목, 무릎 순으로 지면과 가까운 신체 부위부터 돌아가야 한다. 왼쪽 측면을 블록(Block)하여 4~5시 방향 사이에 멈춰 오른쪽 어깨가 올바르게 돌아갈 수 있도록 도와야 한다. 이후 자연스럽게 이어지는 올림과 회전(Lift & Rotation)으로 리버스(Reverse)가 자연스럽게 발생하도록 한다. 회전식 포환던지기(Rotational Shot Put)를 구사하는 선수는 시작 자세(Starting Stance)부터 발생된 운동에너지와 운동량(Kinetic Energy & Momentum)을 오른쪽 다리와 둔부의 오버테이크(Overtake) 동작으로 거대하게 만들고, 중심 이동

(Delivery)을 통해 더욱 증폭시켜, 릴리즈(Release) 단계까지 도달해야 한다.

THE FRONT

그림 8.
The Front
(포환던지기)

6. 던지기(Release)

　시작 자세(Starting Stance)부터 중심 이동(Delivery) 구간까지 형성된 에너지를 소멸시키지 않고 유지할 수 있는 좋은 던지기(Release) 구간을 만들어야 한다. 그러기 위해서는 기본적으로 특성들을 잘 이해하고 균형 있는 자세를 유지하도록 해야 한다. 두 다리는 자연스럽게 지면에서 떠 있고, 릴리즈(Release) 이후 오른쪽 다리는 스탑보드 앞에 착지하고 왼쪽 다리는 들어 올려 균형을 잡아야 한다. 이때 파울을 방지하기 위해 선수는 발을 3시 방향으로 발바닥 전체를 지면에 닿게 하여 감속 이후 뒤꿈치를 들고 스탑보드를 넘어 회전하여 부상을 방지하도록 한다. 왼팔과 왼쪽 다리는 저항과 균형적 도움으로 안정적인 자세를 취할 수 있게 도와야 선수가 균형을 잃고 파울을 하는 것을 피할 수 있으니 유의해야 한다.

Part 3. 원반던지기

Part 3-1 원반던지기(Discus Throw)

원반던지기의 역사를 살펴보면 고대 그리스로 거슬러 올라간다. 원반던지기는 인류 역사상 오래된 스포츠 중 하나이면서 또한 올림픽 종목에서도 가장 오래된 종목 중 하나이다.

기원전 708년, 고대 그리스 펜타슬론의 이벤트 중 하나로 고대 그리스인들은 정신적, 육체적으로 완전한 조화를 이룬 인간에 최고의 관심을 보였으며, 이러한 목적을 달성하기 위해 달리기, 멀리뛰기, 창던지기, 레슬링과 함께 다섯 가지 종목의 이벤트를 실시하였다. 이때부터 원반던지기라는 명칭으로 역사에 등장하였다. 당시 함께 등장한 종목은 창던지기와 레슬링 등 전쟁을 위해 찌르고 던지고 뒤엉켜 싸우며 익혔던 전투 기술이 그대로 스포츠화된 것이다. 원반던지기는 고대 올림픽 이후 그리스 조각가 미론의 '원반 던지는 사람(Discobolus)' 조각과 그림들만 알려졌지만 원반의 크기, 무게, 던지기 기술 등은 기록되지 않아 전달되지 않았다.

독일 교수였던 크리스티안 게오르크 콜라우슈(Christian Georg Kohlrausch)는 그의 학생들과 원반던지기에 대하여 연구하고 기술을 재발견하였으며, 원반던지기 종목을 부활시켜 현대적인 형태의 스포츠로 자리매김하는 데 일조하였다. 이들의 노력으로 1896년 최초의 근대 올림픽인 아테네 올림픽에서 원반던지기가 육상경기로 포함되었다. 1900년 제2회 파리 올림픽에서 체코 선수인 프란티셰크 얀다숙(Frantisek Janda-Suk)은 세계 최초로 전신을 회전시키면서 원반을 던져 은메달을 획득하였다. 그 이후로 모든 원반던지기 선수는 전신을 회전하는 기술을 사용하였다.

제1회 아테네 올림픽에는 남자 선수만 참여하였으나 제3회 대회부터 일부 여자 선수의 출전을 허용한 포환던지기와는 달리, 원반던지기는 오랫동안 남자 선수들만 출전할 수 있는 경기종목이었다. 하지만 1928년 제9회 암스테르담 올림픽에서 여자 선수 경기도 정식 종목으로 채택되었다.

1928년 제9회 암스테르담 올림픽에서 최초의 여자 원반던지기 종목의 금메달은 폴란드 출신의 할리나 코노파카(Halina Konopacka)가 차지했다. 1928년 당시의 기록은 39.62m였다. 이후 1961년, 미국 선수인 제이 실베스터(Jay Silvester)가 ●스윕(Sweep) 동작을 하는 오른쪽 다리를 크게 돌리는 기술로 60.56m를 던져 최초로 60m를 넘어 세계 신기록을 수립하였으며, 이후 1968년 66.54m, 68.40m 두 차례나 더 세계 신기록을 수립하였다.

●스윕(Sweep) 동작: 빗자루처럼 쓰는 동작

원반던지기는 2.5m 서클 내에서 회전한 다음 원심력을 이용하여 던진다. 서클 중심에서 부채꼴 모양의 파울선이 그려져 있으며, 선 안쪽으로 떨어져야 기록 인정이 된다. 기록은 원반의 낙하지점과 서클 중앙점을 연결하여 측정한다.

원반던지기 용기구 및 장비 규칙

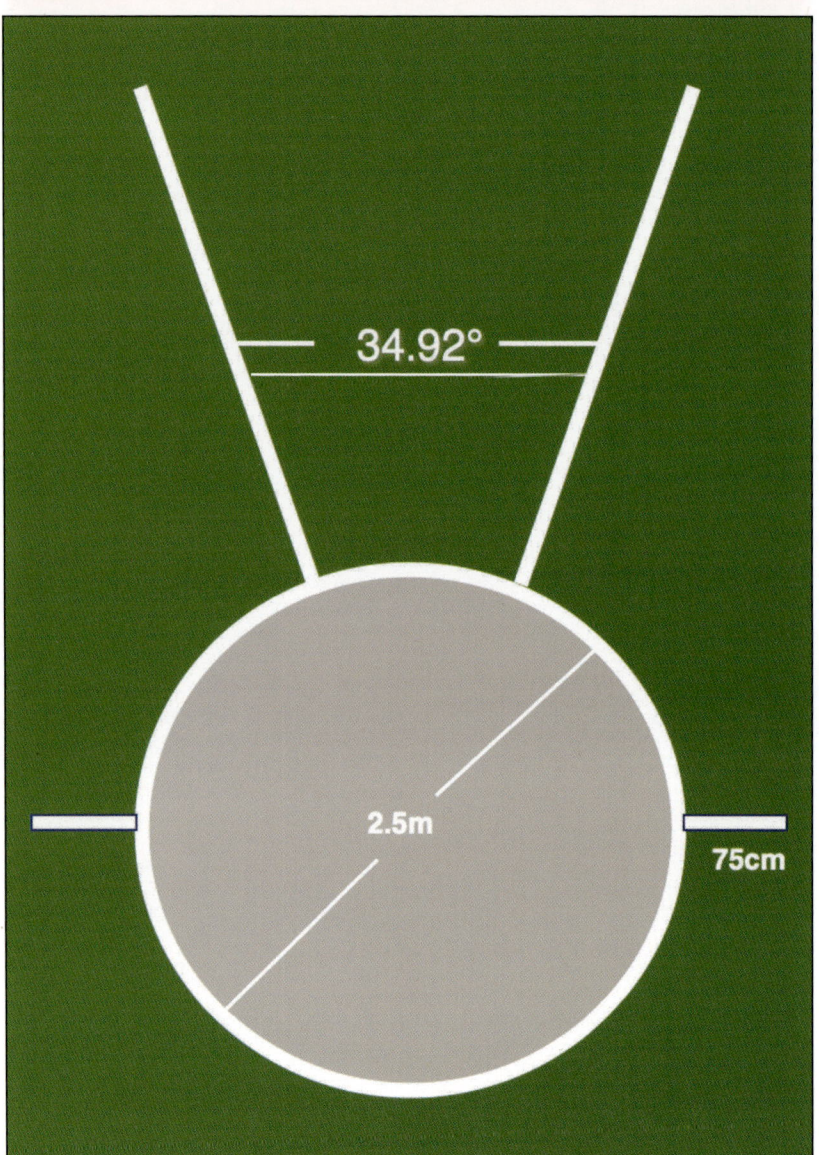

그림 9.
원반던지기 용기구 및
장비규칙

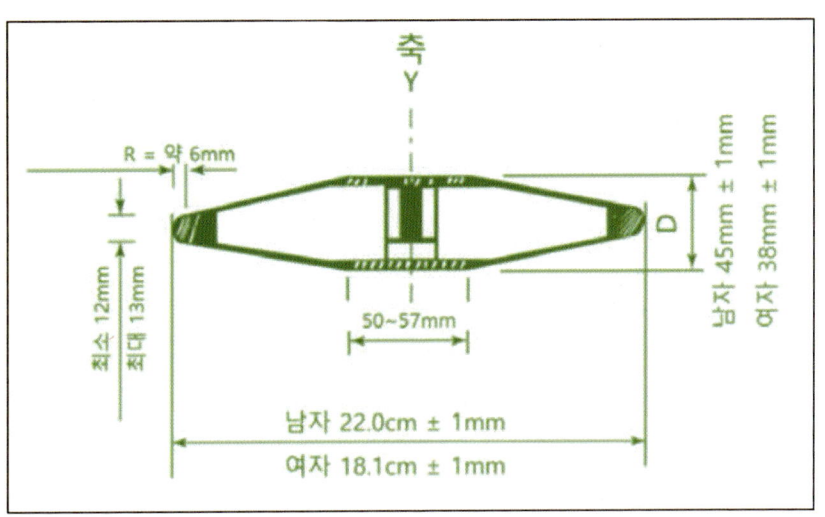

원반던지기 장비규칙

원반		여자	남자			
		여초/여중/U18 여고/U20/일반	남중	U18	남고/U20	일반
무게 (kg)		1.000	1.000	1.500	1.750	2.000
RIM의 외측지름 (mm)	최소	180	200	95	210	219
	최대	182	202	212	125	221
금속판의 지름 (mm)		50-57	50-57	50-57	50-57	50-57
금속판의 두께 (mm)		37-39	37-39	38-40	41-13	44-46
RIM의 두께(mm) (6mm지점)		12-13	12-13	12-13	12-13	12-13

원반던지기 스타일을 크게 분류하자면 1970~1980년 라이벌 관계였던 맥 윌킨스(Mac Wilkins)와 존 파월(John Powell)의 오른쪽 다리 동작을 보면 알 수 있다. 맥 윌킨스(Mac Wilkins)는 대퇴부 안쪽으로 와이드한 스윕(Sweep) 동작을 취했으며, 존 파월(John Powell)은 대퇴부 안쪽이 아닌 앞쪽으로 좁은 스윕(Sweep) 동작을 취하였다.

맥 윌킨스(Mac Wilkins)는 1976년 5월 1일 하루 동안 69.80m, 70.24m, 70.86m의 기록으로 3번이나 세계신기록을 수립하였던 선수이다. 그는 단일 지지단계에서 왼쪽 다리가 지면에 오래 붙어 있는 것을 강조하였으며, 오른쪽 다리의 와이드한 스윕(Sweep) 동작으로 원심력과 토크(Torque)를 최대한 이용한 기법을 구사하였다.

1975년, 존 파월(John Powell)은 69.08m의 세계 신기록을 수립하였으며, 1984년에는 71.26m를 던지기도 하였다. 그의 기법은 와인드 업(Wind up) 이후 회전하면서 왼쪽 어깨가 미리 돌아가고 오른쪽 다리는 회전축을 갖는 왼쪽 다리에 닿을 정도의 좁은 스윕(Sweep) 동작이었다. 존 파월(John Powell)식 기법은 근력이 좋은 유럽 선수들에게 주목 받았으며, 힘이 좋고, 스피드에 강한 선수에게 유리한 방법이었다. 1986년, 위르겐 슐트(Jurgen Schult)는 독일 노이브란덴부르크에서 원반던지기 74.08m로 세계 신기록을 수립하였다. 1988년 서울 올림픽에서도 우승한 독일의 위르겐 슐트(Jurgen Schult)는 존 파월(John Powell)의 스타일과 유사하게 좁고 대퇴부 안쪽이 아닌 대퇴부 앞쪽으로 스윕(Sweep) 동작을 하는 기술이었다. 같은 장소인 독일 노이브란덴부르크에서 2년 후인 1988년, 독일 여자 선수인 가브리엘라 라인쉬(Gabriele Reinsch)가 76.80m를 던져 세계신기록을 수립하였으며, 현재까지 이 기록은 깨지지 않고 있다. 가브리엘라 라인쉬(Gabriele Reinsch)는 맥 윌킨스(Mac Wilkins)와 비슷하게 대퇴부 안쪽으로 와이드 한 스윕(Sweep) 동작을 취했다.

원반던지기와 관련하여 재미있는 사실은 투척 종목 중 여자 선수의 세계 신기록이 남자 선수의 기록보다 더 우수하다는 점이다. 따라서 가브리엘라 라인쉬(Gabriele Reinsch)의 76.80m가 남녀 통틀어 최고의 기록인 세계 신기록으로 남았다.

원반던지기는 신장이 크고 팔이 길어야 유리한데 이러한 일반적인 신체조건을 기반으로 우수한 신체 능력과 기술의 조화에 의해 좋은 기록을 수립할 수 있다. 근력은 물론 스피드, 유연성, 민첩성 등의 협응이 이루어져야 원반에 힘이 전달되어 최대거리를 비행할 수 있다. 특히 협응력은 상당히 중요한 요소이다. 원반던지기 기술에서 턴을 하는 동안, 신체의 균형, 신체 리듬, 릴리즈 포인트, 정확성, 점진적인 가속력 등을 던지는 동작에 적용하여 발휘할 수 있다. 또한 원반던지기는 근력, 순발력, 민첩성, 유연성 등 뒷받침되어야 경기 상황에서 기술을 발휘하고 좋은 기록을 낼 수 있다. 회전력(Rotation Force)을 이용하기 때문에 모멘트 암이 큰 장신, 팔이 긴 선수가 유리한 경기이다.

던지기 기술 동작에 있어 움직임이나 스타일의 차이는 있을 수 있으므로 따로 다루지 않고, 마지막의 ●리버스(Reverse) 동작에서 역전형 기술(Reversing Technique)인지 비역전형 기술(Nonreversing Technique)인지에 대해 크게 구분 지을 수 있다.

●리버스(Reverse): Front 단계에서 릴리즈(Release) 동작 이후 발 위치를 바꾸는 동작

Part 3

☐ 궤도(Orbit)

원반던지기를 처음 시작하는 초보자들에게는 '궤도(Orbit)'라는 단어는 생소할 수도 있다. 1900년 제2회 파리 올림픽에서 체코 선수인 프란티셰크 얀다숙(Frantisek Janda-Suk)은 세계 최초로 전신을 회전시키면서 원반을 던져 기술의 혁신을 가져왔다.

시작 자세(Starting Stance)부터 중심 이동(Delivery), ●릴리즈(Release)까지 이루어지는 올림과 회전(Lift & Rotation)시에 궤도가 형성된다. 시작 자세(Starting Stance)부터 원반을 잡고 있는 오른손이 하이 포인트(High Point)에 위치하거나 로우 포인트(Low Point)에 위치하는 것은 개인적인 스타일에 달려 있지만, 단일 지지 단계로 접어들기 전 중심은 70% 정도 오른쪽에서 이동하여 왼쪽 발 볼 중앙과 왼쪽 어깨가 수직선 위에 위치해야 하고, 왼쪽 팔과 오른쪽 팔은 지면과 수평을 이루어야 한다. 이후 이루어지는 파워 포지션(Power Position) 생성 단계에서 원반을 잡고 있는 오른쪽 손은 하이 포인트(High Point)에 자리 잡고 있어야 한다. 이로 인해 가장 중요시되는 파워 포지션(Power Position)에서 자연스럽게 회전축을 담당하는 오른쪽 다리의 올바른 무게중심이 이루어지며, 기울어진 회전축(Pivot)이 형성될 수 있다. 회전축(Pivot)이 형성되지 않으면, 오른쪽 다리가 회전되지 않아 원반을 오른쪽 안전망에 맞거나, 라인 파울을 할 수 있다. 또한 하이 포인트(High Point)에서 로우 포인트(Low Point)까지의 가속도를 증가시킬 수 있는 이점이 생긴다.

●릴리즈(Release):

던지는 동작에서 기구를 날려 보낼 때

□ 조절(Control)

　런업(Run-up) 단계부터 릴리즈(Release) 단계까지 몸과 원반의 가속도를 더 크게 내고 속도와 몸을 제어할 수 있다면 원반을 멀리 던지는 것은 불가능한 일이 아닐 것이다.

　Back 구간의 런업(Run-up) 단계 즉, 와인드 업(Wind up) 후 턴을 시작하는 동작부터 중요한데, 회전축(Pivot)이 되는 왼쪽 측면을 컨트롤 하는 것은 성공으로 가는 지름길이다. 와인드 업(Wind up) 부터 단일 지지 단계까지 왼쪽 엉덩이가 기울어진 회전을 보여준다거나 왼쪽 어깨가 먼저 돌아감에 따라 여러 가지 문제점이 발생한다. Back 구간의 첫 번째 회전에서 밸런스 있는 오른쪽 다리의 스윕(Sweep) 동작을 하지 못하며, 몸통의 코일링(Coiling) 또한 형성하기 어려워진다. 이후 오버테이크(Overtake) 동작에서도 문제가 생긴다. 또한 어깨의 수평을 유지하지 못하는 문제점도 발생하며, 이는 원반의 비행에 문제를 유발하고, Back 구간에서 Front 구간까지 이르러 전체의 밸런스 있는 회전(Rotation)을 행하지 못해 선수의 직선적인 힘(Linear Force)과 회전력(Rotation Force)이 약해진다.

　운동에너지와 운동량(Kinetic Energy & Momentum)을 생성하는 단계로써 안정적이고 균형 잡힌 움직임이어야 하며, 이는 던지는 전 과정에서 이루어져야 한다.

Part 3

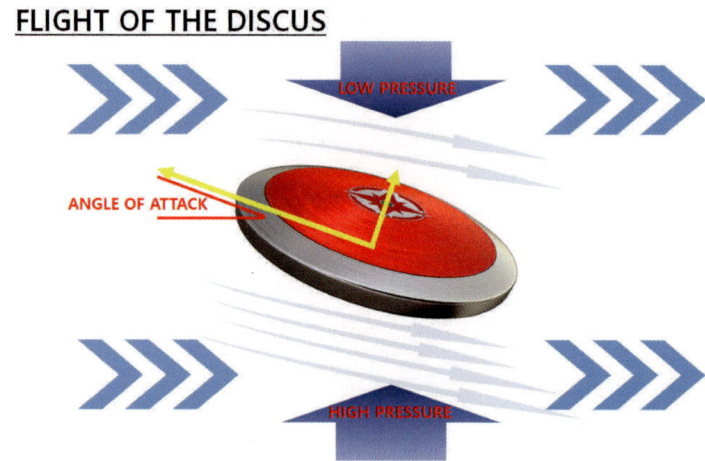

그림 10.
Flight of the Discus

☐ 원반의 비행(Flight of the Discus)

안정적이고 균형 잡힌 움직임으로 런업(Run-up) 단계부터 릴리즈(Release) 단계까지 최고의 운동에너지와 운동량(Kinetic Energy & Momentum)을 연결하면 릴리즈 동작을 통해 원반의 아름다운 비행을 만들 수 있다.

아름다운 비행을 만들기 위해 원반의 양력, 방향과 기울기, 림(Rim)의 무게를 알아두면 좋다. 비행기가 하늘을 날아다닐 수 있는 이유는 양력 때문인데 이것은 원반이 비행하는데도 작용한다.『그림 11』과 같이 양력을 최대화하고 항력을 최소화하도록 만든 유선형의 날개 단면을 에어포일(Airfoil)이라고 한다. 원반의 모양도 에어포일(Airfoil)에 해당한다.

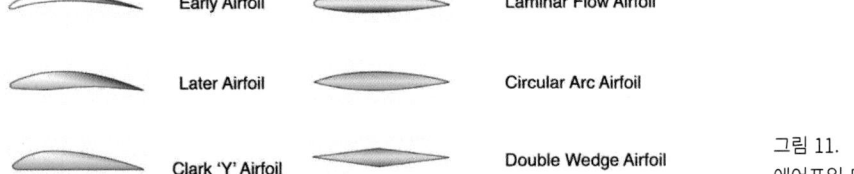

그림 11.
에어포일 디자인

　에어포일(Airfoil)의 상단에 고속의 공기흐름과 동시에 압력은 낮아지고 하단에는 저속의 공기흐름과 높은 압력을 만든다는 원리가 사용되며, 이는 '베르누이의 정리'라고 한다. 에어포일(Airfoil)의 디자인을 한 원반은 베르누이의 정리에 따라 아래쪽에 있는 공기압이 위보다 크기 때문에 결과적으로 상승력이 발생한다. UC데이비스 명예교수인 몬트 허버드(Mont Hubbard)는 "양력은 비행기를 하늘에 유지하는 것과 정확히 같은 힘이며, 원반던지기에서 승리하는 열쇠는 양력을 극대화하는 것"이라고 하였다. 양력을 극대화하기 위해서 첫째로, 공기에 대한 물체의 속도, 둘째로, 앞에서 말했던 에어포일과 같은 물체의 모양, 셋째로, 물체의 각도가 중요한 요인이 된다.

　원반의 스핀은 항력의 영향을 최소화하여 원반이 더 먼 거리를 날아갈 수 있도록 하므로 관성모멘트를 결정짓는 림의 무게 비중에 따라 원반을 선택하는 것 또한 중요한 포인트다. 림의 무게는 원반의 전체 무게의 실제 백분율을 나타내는 수치이다. 원반의 관성모멘트를 결정짓는 것은 선수 능력이기도 하지만 원반 림(Rim)의 무게에 따라 달라지기도 한다. 림의 무게가 무겁다고 해서 모든 선수가 원반을 멀리 던지는 것은 아니다. 전문 근력과 기술적 바탕이 되어있지 않으면 원반이 비행 시 스핀을 유지할 수 없어 원반은 더 짧은 거리로 비행할 것이다. 또한 올바른 공기역학적 방향으로 던진 원반은 그렇지 않은 방향으로 던진 원반보다 더 멀리 날아간다.

또한 몬트 허버드(Mont Hubbard)는 "앞바람이 초속 5m로 불면, 뒤바람 초속 10m에 비해 남성의 경우 10m, 여성의 경우 14m 더 멀리 원반을 던질 수 있다."라고 하였다. 앞바람, 즉 역풍에 던지면 더 많은 양력이 발생하여 원반이 더 오래 비행한다.

1. 그립(Grip)

몇 년 전 대학부 남학생을 지도했는데 학생은 던지기 훈련을 할 때 원반이 비행하는 모습이 2주 정도 흔들리면서 불안정한 비행을 보였다. 이유가 무엇인지 파악하기 위해 학생의 자세와 그립을 확인하고, 불안한 비행에 대해 학생과 논의했다. 학생은 "릴리즈 시 급격한 수직 상승도 원인이 되지만 혹시 원반 그립이 어떻게 되느냐?"라고 물었다. 필자는 학생이 검지와 중지를 넓게 벌려 검지가 본래 위치보다 앞쪽으로 나가 있는 것을 발견하고 문제점을 파악했다. 대부분 훌륭한 원반던지기 선수는 검지와 중지 손가락을 다소 가까이 잡는다. 그립의 중요성에 대해 소홀히 생각해서는 안 된다.

원반을 손바닥에 평평하게 대고 검지를 원반 중앙을 가로지르는 지름과 같은 곳에 있도록 하고, 중지는 가까이 붙이며, 원반의 림에 검지 마지막 관절 마디를 놓는다. 약지와 소지는 약 2cm 정도 벌린 상태에서 그립을 한다. 엄지는 검지와 45° 정도 벌린 상태에 원반에 올려놓는다. 이러한 방식으로 그립을 하고 기술을 구현하는 것이 릴리즈(Release) 시에 최대의 에너지를 사용할 때, 원반의 아름다운 비행을 만들 수 있다.

2. 시작 자세(Starting Stance)와 와인드 업(Wind up)

선수마다 스타일이 다르겠지만 기본적으로 원반던지기의 시작 자세(Starting Stance)는 회전식 포환던지기(Rotational Shot Put)와 크게 다르지 않다. 던지는 반대 방향인 12시 방향으로 서고 발은 어깨 너비보다 넓게 놓는다. 왼발과 오른발의 위치는 12시 방향과 6시 방향으로 써클에 가상의 라인을 만들고 그 라인 위에 왼발을 놓거나, 그 라인을 중점으로 왼발과 오른발을 나란히 놓는다.

와인드 업(Wind up) 동작은 회전식 포환던지기에서 말했던 것과 같이, 첫째 운동에너지와 운동량(Kinetic Energy & Momentum)을 생성하는 단계로써 안정적이고 균형 잡힌 움직임이어야 한다. 상체를 편안하게 유지하고 포환 던질 때 보다는 상체를 세우며, 무릎을 약간 굽힌다. 2021년 도쿄 올림픽 금메달리스트 스웨덴의 다니엘 스탈(Daniel Stahl), 세계선수권대회 원반던지기 최연소 메달리스트인 리투아니아의 미콜라스 알렉나(Mykolas Alekna), 2022년 유진 세계선수권대회 금메달리스트인 슬로베니아의 크리스티얀 체(Kristjan Ceh) 등 세계정상급 선수 모두 각자의 리듬과 와인드 업(Wind up)을 가지고 있으며, 던지는 팔 높이 또한 다르다. 이 세 명뿐만 아니라 세계 정상급 원반던지기 선수는 써클 진입 후 시작 자세에서 적은 횟수의 와인드 업(Wind up)을 갖는다. 이때 파워포지션과 같은 몸통의 코일링(Coiling)을 형성하며, 몸의 꼬임을 풀며 가속력을 얻는다.

3. 턴의 시작(Entry into the Throw)

와인드 업(Wind up) 이후 단일 지지단계로 접어들기 전까지 엉덩이와 어깨 축 사이의 뒤틀림 자세를 유지하며, 중심은 70% 정도 오른쪽에서 이동하여 왼쪽 발볼 중앙과 왼쪽 어깨가 수직선 위에 있어야 하고 왼쪽 팔과 원반을 든 오른쪽 팔은 지면과 수평을 이루어야 한다. 특히 왼쪽 어깨와 팔은 왼쪽 무릎보다 먼저 추월해서 돌아가면 안 되고 골반이 지면과 수평을 이루어 회전해야 하는데, 대각선 방향으로 회전되어서도 안 된다. 많은 선수가 흔히 실수하는 잘못된 동작으로는 체중이 충분하게 왼쪽 발볼에 실리지 않고 시선과 몸을 써클 앞쪽으로 돌려버리는 데에 있다. 이는 선수의 전체적 던지기 기술에 여러 가지 부정적 결과를 가져오게 되고 Back 구간부터 Front 구간까지 직선적인 힘(Linear Force)과 회전력(Rotation Force) 향상에 방해 요인이 된다.

이중 지지단계에서 단일 지지단계로 전환될 때 지면을 밀었던 오른쪽 다리를 빠르게 들어 힘 전환하기 전에 균형을 잘 잡을 수 있도록 도와야 한다. 이후 왼쪽 발이 7시 방향을 향하면 니 다운(Knee Down)을 시켜 추진력과 회전축을 형성하고, 오른쪽 다리는 12시 방향에서 10시 방향으로 와이드하고 빠른 스윕(Sweep) 동작을 해야 한다. 회전할 때 미리 회전(Pre-turning)하지 않도록 던지기 방향인 6시에 두어, 올바른 스윕(Sweep) 동작을 할 수 있도록 해야한다.

THE BACK

그림 12.
The Back
(원반던지기)

4. 비행 그리고 파워포지션(Flight and Power Position)

　최대한 운동에너지와 운동량(Kinetic Energy & Momentum)을 증가 시키려 할 때 선수가 자주 하는 실수는 오버테이크(Overtake) 동작 이후 몸이 회전할 때, 가슴이 던지는 방향으로 향해 있어야 몸통의 토크(Torque)를 강하게 유지할 수 있다. 그러나 고개와 몸을 돌려 왼쪽으로 미리 회전(Pre-turning)하면, 런업(Run-up) 단계부터 발생하는 운동에너지(Kinetic Energy) 또는 운동량(Momentum)과 몸통의 토크(Torque)를 소멸하는 문제가 발생한다. 모든 선수는 지면에 가까이 위치한 발목, 무릎, 엉덩이 순으로 회전할 수 있도록 연습해야 하고 원반을 소지한 쪽은 항상 스윕(Sweep) 동작을 하는 다리보다 뒤쪽에서 움직여야 한다.

　오른쪽 다리가 지면에 접지될 때 발목은 단단해야 하고, 무릎은 굽혀있어야 한다. 가장 이상적인 파워포지션의 회전축은 발목, 무릎, 가슴이 수직선 위에 있어야 한다. 던지려는 욕심에 하체(Low Body) 쪽보다 상체(Upper Body) 쪽이 먼저 움직이면 직선적인 힘(Linear

Force)과 회전력(Rotation Force) 뿐만아니라 운동에너지와 운동량(Kinetic Energy & Momentum) 또한 증가 시키지 못한다.

왼쪽 다리는 오버테이크(Overtake) 동작 이후 6시 방향으로 강하게 밀고 세컨더리 스윕(Secondary Sweep) 동작으로 직선적인 힘(Linear Force)과 회전력(Rotation Force)을 증가시켜 몸통의 토크(Torque) 형성에 도움을 준다. 이 단계에서 왼쪽 다리는 운전자의 역할을 해야 한다. 이후 왼쪽 발은 5시 정도에 위치하여, 골반이 자연스럽게 돌아갈 수 있도록 해주어야 한다.

파워 포지션(Power Position) 생성 단계에서 원반을 잡고 있는 손은 하이 포지션(High Point)에 자리 잡고 있어야 한다. 이를 통해 가장 중요시되는 파워 포지션(Power Position)에서 자연스럽게 회전축(Pivot)을 담당하는 오른쪽 다리가 올바른 무게중심이 이루어지며, 기울어진 회전축(Pivot)과 궤도를 만들어 중력가속도의 이점을 얻을 수 있다.

왼쪽 다리의 미는 동작(Push Off) 이후 세컨더리 스윕(Secondary Sweep) 동작에서 더 빠른 이동을 위해서 왼쪽 무릎은 오른쪽 무릎에 가까이 붙이도록 노력해야 한다. 2021 세계U20선수권대회 우승자이자 유진에서 열린 2022년 세계선수권대회에서 69.27m로 최연소로 메달을 딴 미콜라스 알렉나(Mykolas Alekna) 선수의 동작을 보면 알 수 있다.

오른쪽 다리는 지면에 터치다운 한 이후에도 다리 회전은 계속 진행 중이어야 한다. 왼팔의 경우에는 오른발 지면 접지 시에 왼쪽 팔로

3시 방향으로 블로킹을 해주고 이후 왼쪽 다리가 지면에 접지되는 두 번째 이중 지지단계에서 9시 방향에 위치시켜 발목부터 발생하는 운동에너지와 강한 토크(Torque)를 형성할 수 있도록 해야 한다.

THE MIDDLE

그림 13.
The Middle
(원반던지기)

5. 중심 이동(Delivery)

원반이 손에서 벗어날 때까지 오른쪽 무릎은 구부려 계속된 회전이 이루어져야 한다. 중심 이동(Delivery)에서는 오른쪽 다리가 곧게 펴지면 엉덩이가 회전할 수 없어 가속도의 거리가 짧아지고 만다. 또한 선수는 몸통의 코일링(Coiling)을 통한 코어의 텐션을 증가시키기 위해 상체와 하체를 컨트롤할 수 있는 능력이 충분해야 한다. 하체인 발목, 무릎, 골반 순으로 움직임을 이끌고 몸통이 회전하기 시작해야 한다.

원반은 넓은 궤도를 유지하고 써클 지면 쪽으로 내려오면서 원반의 궤도가 가장 낮은 지점에 도달하기 직전에 들어 올려진다. 이때 오른쪽 다리와 엉덩이의 회전, 토크(Torque)가 가해진 몸통의 풀림, 리프팅으로 인해 생성된 엄청난 에너지가 던지는 방향으로 향하게 한다. 왼쪽 팔은 릴리즈 동작까지 블로킹함으로써 생성된 에너지가 소멸하지 않도록 한다.

필자가 2019년 서울에서 열렸던 100회 전국체육대회에서 정지혜 선수가 56.30m를 던질 때 집중적으로 지도했던 부분이다. 신장이 크지 않았던 정지혜 선수를 고려하여 가속도의 거리와 에너지를 증가시키기 위해 집중적으로 지도하였고 그녀는 창던지기 종목에서 전향한 지 2년 만에 한국 신기록을 수립하였다.

6. 던지기(Release)

오른쪽 다리와 엉덩이의 회전, 코일링 되었던 몸통의 풀림, 리프트 등으로 인해 엄청난 에너지가 발생한다. 하체(Low Body)부터 상체(Upper Body)까지 순차적으로 발생한 에너지가 소멸하지 않기 위해 시선과 고개가 우선적으로 돌아가지 않도록 유의하면서 왼쪽 측면을 블록(Block)한다. 회전한 후 가슴이 던지는 방향으로 향하고 있을 때, 왼쪽 측면 블록은 유지해야 한다. 블록 한 후 오른쪽 측면이 자연스럽게 회전하며 이때 주의할 점은 왼쪽 팔꿈치를 몸에 붙이거나 12시 방향으로 강하게 당기면 안 되며, 과도한 왼쪽 무릎의 굽힘(Knee Joint Flexion) 동작 또한 피해야 한다.

딜리버리(Delivery) 단계에서 전달된 에너지와 균형 있는 자세를 유지하기 위해서는 좋은 릴리즈(Release)가 필수적이다. 원반이 손에서 떠난 후 오른쪽 발과 왼쪽 발의 위치를 바꿀 때, 선수가 균형을 잃고 파울을 하면 지금까지 했던 모든 것이 헛수고가 되니 유의해야 한다.

THE FRONT

그림 14.
The Front
(원반던지기)

Part 4. 전형적인 실수(Typical Faults)

Part 4-1 관찰 및 실수 판단

지도자도 AI나 로봇이 아닌 인간이므로 던지기 훈련 시 선수에게 항상 올바른 피드백(Feedback)을 줄 수는 없다. 선수 또한 모든 던지는 시기마다 올바른 기술을 구현할 수 없으며, 항상 실수가 있는 것도 아니다. 지도자는 여러 번의 투척과 여러 방향에서 관찰한 후 판단을 내리고 지도해야 한다.

촬영기법을 활용하는 것도 좋다. 촬영한 영상을 확인 후 전체적, 구간 별, 느린 영상 등을 통한 기술에 대한 옳고 그름을 판단하고, 실수에 대한 피드백을 정하는 것이 지도의 오류를 막는 길이기도 하다. 관찰을 통해 중대한 실수를 찾아내고 그 원인과 해답에 대한 판단을 내려서 선수에게 정보를 제공해야 한다. 또한 지도자는 실수에 대해 선수에게 질문을 하고 대답에 경청하며, 선수와 소통할 필요가 있다. 눈에 보이는 기술적 오류가 일어날 수도 있지만, 외부적 환경, 심리 상태, 부상 정도 등 기술 외 요소들을 파악할 필요가 있다. 선수가 행한 실수의 원인이 지도자의 생각한 범주를 벗어나는 것일 수 있다.

다음은 지도자가 선수의 실수를 더 잘 발견할 수 있도록 몇 가지 조언을 적어 보았다.

❖ 항상 던지기에 실수가 있는 것이 아니기 때문에 2개 이상의 투척, 2개 이상의 방향에서 관찰한 후에 판단을 내리고 피드백(Feedback) 전달하자. (필자는 12시 방향, 9시 방향을 관찰함)

❖ 제2의 눈을 만들어라. 관찰에 영상 촬영을 활용하자.

❖ 던지기의 가장 중대한 실수를 찾도록 하자.

❖ 실수에 대한 원인을 찾자.

❖ 선수에게 질문하고 대답에 경청하자.

    지도자와 선수는 투척 동작의 시작 자세(Starting Stance) 구간부터 던지기(Follow Through) 구간까지 관찰하지만 분석 과정은 그 반대이다. 분석은 투척 궤도의 관찰에서 시작하여 모든 기술적 단계를 릴리즈 단계부터 던지기, 몸통의 움직임(왼편) 등 차례대로 관찰해야 한다. 관찰은 위에서 아래로, 오른쪽에서 왼쪽으로, 전면에서 후면으로, 빠름에서 느림으로 관찰해야 한다.

Part 4

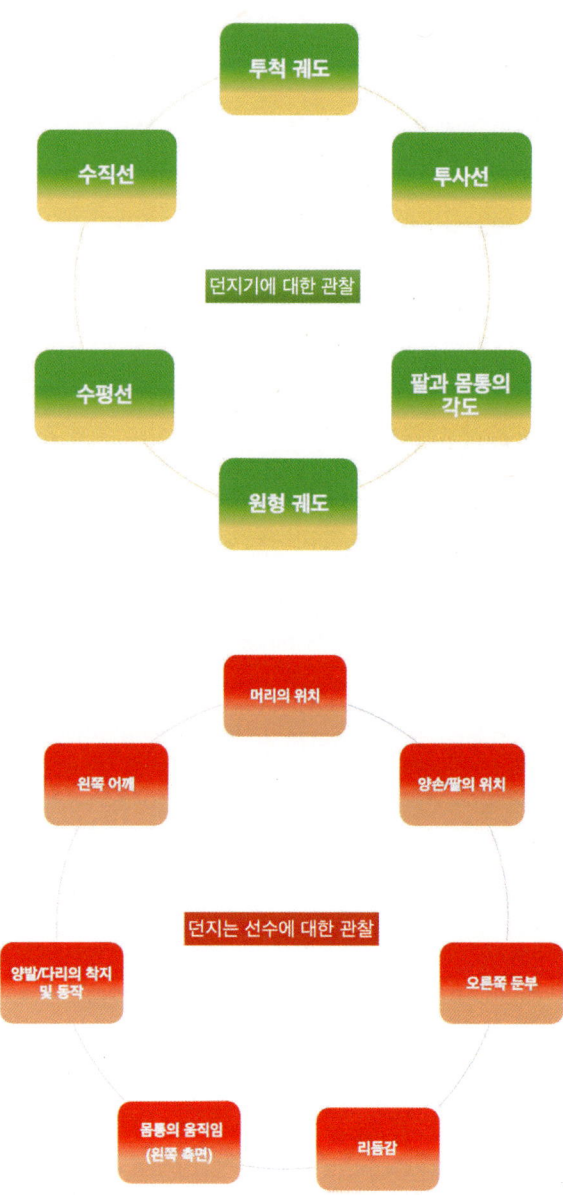

그림 15.
관찰에 대한 요소

Part 4-2 선수의 실수 유형

1. 시작 자세와 와인드 업 (Starting Stance & Windup) 단계 실수 유형

① 부적절한 그립
　원반던지기 초보자의 경우, 기구가 손에서 떨어질까 두려워 부적절한 그립을 할 수 있다. 특히 포환던지기 선수의 경우에는 부적절한 그립으로 인해 손가락 부상을 입기도 한다.

② 시작 자세의 발의 위치 및 너비, 과한 와인드 업(Wind up) 동작
　선수의 시작 자세와 와인드 업(Wind up) 단계는 개인적 성향에 따라 다르다. 그것이 잘못된 것이 아니라 운동에너지와 운동량(Kinetic Energy & Momentum)을 생성하는 단계로써 안정적이고 균형 잡힌 움직임이어야 하는데 이를 방해하는 동작은 삼간다.

2. 턴의 시작 (Entry into the Throw) 단계 실수 유형

① 부적절한 체중 전이 및 피벗(Pivot)동작
　와인드 업(Wind up) 이후 단일 지지단계로 접어들기 전까지 엉덩이와 어깨와의 뒤틀림 자세를 유지하며, 항상 기구가 뒤에 있도록 노력해야 한다. 또한 단일 지지단계로 접어들기 전 중심은 오른쪽에

서 왼쪽, 즉 왼쪽 발볼 중앙과 왼쪽 어깨가 수직선 위에 중심이 있어야 하고, 왼쪽 팔과 오른쪽 팔은 지면과 수평을 이루어야 한다. 부적절한 체중 전이 및 피벗(Pivot)동작에서 부적절한 자세를 행할 경우 던지기의 첫 단추 역할을 하는 Back 구간의 첫 번째 회전에서 밸런스 있는 오른쪽 다리의 스윕(Sweep) 동작을 하지 못하며, 몸통의 코일링(Coiling) 또한 형성하기 어려워진다. 이후 오버테이크(Overtake) 동작에서도 문제가 생긴다. Back 구간부터 Front 구간까지 이르러 전체의 밸런스 있는 회전(Rotation)을 행하지 못해 선수의 직선적인 힘(Linear Force)과 회전력(Rotation Force)이 약해진다.

② 오른발이 느리게 행동할 때

이중 지지단계에서 단일 지지단계로 전환될 때, 지면을 밀었던 오른쪽 다리가 느리게 움직이면 이후에 던지기 구간인 Back 구간부터 Front 구간까지 하체(Low Body)가 리드 되어야 하는데 반대로 상체(Upper Body)가 리드하게 된다. 이는 몸통의 코일링(Coiling) 형성에 문제가 생기며, 이는 토크(Torque) 발생에 문제가 생긴다. 오른쪽 다리를 빠르게 움직여 밸런스를 잡고 하체(Low Body)가 리드하도록 노력하자.

③ 왼쪽 측면이 6시 방향으로 당겨지는 동작

이중 지지단계에서 단일 지지단계로 전환될 때 왼쪽에 형성된 회전축이 기울어지면서 왼쪽 어깨와 팔은 왼쪽 무릎보다 먼저 추월해서 돌아가고 오른쪽 다리와 엉덩이는 돌아오지 못한다. 던지기에 급급한 선수들은 고개와 몸을 돌려 왼쪽으로 미리 회전(Pre-turning)하면서, 코일링(Coiling) 형성을 못하고, 런업(Run-up) 단계부터 발생하는 운동에너지(Kinetic Energy) 또는 운동량(Momentum)과 몸통의 토크(Torque)를 소멸하는 문제가 발생한다. 오른쪽과 왼쪽이 지면과 수평을 이루면서 회전해야 하는데 6시 방향으로 회전되어서도 안 된다.

④ 기구를 잡은 손이 몸 뒤에서 끌려오지 못하는 현상, 피벗(Pivot)동작 시 팔의 균형이 깨지는 현상

　부적절한 체중 전이 및 피벗(Pivot)동작은 선수의 전체적 던지기 기술에 여러 가지 부정적 결과를 가져오게 되고 Back 구간부터 Front 구간까지 직선적인 힘(Linear Force)과 회전력(Rotation Force) 향상에 방해 요인이 된다. 어깨와 골반이 수평을 이루어 몸통의 코일링(Coiling)을 유지하고 올바른 피벗(Pivot) 형성에 도움을 주어야 몸통의 비틀림과 기구가 항상 뒤에서 올 수 있다.

⑤ 피벗(Pivot)동작 시 무릎 간격이 좁아지는 현상

　이중 지지단계에서 단일 지지단계로 전환될 때, 지면을 밀었던 오른쪽 다리는 빠르게 들어 중심의 전환하기 전 균형을 잘 잡을 수 있도록 도와야 한다. 오른쪽 다리의 스윕(Sweep)동작을 와이드(Wide)하게 안쪽(Inside)으로 수행할 때 몸에 회전운동을 일으키는 토크(Torque)를 증가 시킬 수 있다.

⑥ 오른쪽 다리의 드라이브가 부적절한 현상

　빠른 스윕(Sweep) 동작과 파워포지션 형성 시 오른쪽 다리의 착지 위치가 불안정하고 정확하지 않아 파워포지션 자세 형성에 방해가 된다.

7 관성 생성이 부족하여 가속이 약한 경우

왼쪽 발이 5~7시 방향을 가리키면 강하게 밀어 추진력과 회전축을 형성해야 한다. 이때 왼쪽 무릎 슬개골이 지면을 향하도록 하여 니다운(Knee Down)이 되어야 한다. 그렇지 않으면 회전할 때 몸이 상승하고 오버테이크(Overtake)의 동작이 이루어지지 않아 릴리즈 단계까지 안정적이지 않은 회전축을 만들게 된다.

3. 비행 그리고 파워포지션(Flight and Power Position) 단계 실수 유형

1 오른발이 비행 후 서클 중앙에 잘못된 자세로 착지하는 현상

왼쪽 다리는 오버테이크(Overtake) 동작 이후 6시 방향으로 강하게 밀고 세컨더리 스윕(Secondary Sweep) 동작으로 직선적인 힘(Linear Force)과 회전력(Rotation Force)을 증가시켜 몸통의 토크(Torque) 형성에 도움을 준다. 하지만 왼쪽 다리가 제 기능을 하지 못하는 경우, 몸의 상승과 관성의 저하 등으로 직선적인 힘(Linear Force)와 회전력(Rotation Force)을 증가시키지 못한다.

2 파워포지션의 기울기가 과하거나 부족한 현상, 오른쪽 다리가 피벗(Pivot)되지 않고 미는 동작을 하는 현상

파워포지션의 기울기가 과한 경우, 전 단계에서 던지기 방향이 아닌 반대쪽 12시 방향으로 당겨 왼쪽 무릎이 오른쪽 무릎에서 과하게 떨어져서 리턴하는 현상이 발생한다. 기울기가 부족한 경우에는 원반의 올바른 궤도가 형성되지 않아 원반 비행에 있어 악영향을 주고 양발의 중심 비율이 맞지 않아 지면반력을 이용한 코일링, 즉 토크

(Torque) 발생을 억제한다.

③ 기구를 잡은 손이 몸 뒤에서 있지 않거나, 앞으로 떨어져 있는 현상, 왼쪽 어깨가 일찍 열리는 현상, 시선이 너무 위를 보거나 왼쪽으로 빠르게 돌리거나 하는 현상

　기록에 욕심이 생겨 상체(Upper Body)와 하체(Low Body)의 분리 및 진행의 순서를 바꿔 던지기를 실행하거나 왼쪽 무릎이 오른쪽 무릎에서 과하게 떨어져서 리턴하는 현상이 발생하는 경우 이러한 증상이 나오기도 한다.

④ 왼발과 오른발 간격이 부적절한 현상

　적절하지 못한 발의 스텐스는 강한 힘을 만들어내지 못한다. 즉 중심 이동(Delivery)과 코일링(Coiling)을 이용한 토크(Torque) 발생을 최대로 하기 위해서는 기술적 문제도 있지만 선수 개인의 신체적 조건에 따라 다를 수 있기 때문에 던지기를 하면서 적절한 간격의 너비를 찾도록 하자. 또 이 경우는 중심 이동(Delivery)에 영향을 줌으로써 너무 좁은 스텐스(Stance)는 문제가 된다.

⑤ 양팔의 각도가 몸과 90°를 이루지 못할 때

　이 경우는 파워포지션의 기울기가 과하거나 부족할 경우, 던지기에 급급한 나머지 시선이 빠르게 돌아가 왼쪽 어깨가 올라가는 경우, 하체(Low Body)보다 상체(Upper Body) 움직임이 주가 되는 경우, 파워포지션의 중심 비율이 정확하지 않은 경우에 주로 발생한다. 양팔의 각도가 몸과 90°를 이루지 못한 경우에도 원반의 궤도가 작아져 경기력에 영향을 준다.

4. 중심 이동 및 던지기 (Delivery & Follow Through) 단계 실수 유형

1 블록 시 왼쪽 무릎이 신전을 못 하는 현상

블록 시 왼쪽 무릎의 굽힘은 오른쪽 다리가 피벗(Pivot)되지 않고 미는 동작을 하는 현상을 불러오며, 몸통의 토크(Torque) 발생을 방해한다. 항상 야구의 타자처럼 스윙한다는 느낌으로 오른쪽 무릎은 니 다운(Knee Down)되어 회전하고, 왼쪽 무릎을 신전해 블록 역할을 해야한다.

2 왼쪽 다리로 중심 이동이 되지 않는 현상

파워포지션에서 올림과 회전(Lift & Rotation)을 추구해야 한다. 하지만 올림(Lift)만 추구한다면 릴리즈 포인트까지 직선적인 힘(Linear Force)이 줄어들고 그에 따라 투척하는 손에 있던 기구의 가속도 거리, 궤도 등에 영향을 미치게 된다.

3 왼쪽 팔꿈치가 몸에 닿거나 뒤로 당겨 왼쪽으로 치우치는 현상, 오른쪽 둔부가 리드하지 않는 현상

블록 시에는 왼쪽 팔꿈치가 몸에 닿는 것은 관성의 영향으로 몸이 회전하게 된다. 왼쪽의 블록은 던지기를 실행하면서 회전력(Rotation Force)과 직선적인 힘(Linear Force)을 증가시키는 중요한 역할을 한다. 몸을 뒤로 당기거나 엉덩이와 하체가 리드를 못 한다면 경기력을 향상하기 어렵다.

4 기구를 잡은 팔이 몸과 적절한 각도를 유지하지 못하는 현상, 복귀

(Recovery) 단계에서 균형을 잃고 파울하는 현상

    기구를 잡은 팔과 몸의 적절한 각도를 유지하지 못하는 이유는 파워포지션의 기울기가 과하거나 부족할 때 팔이 올라가거나 내려가는 현상이 일어난다. 기울기가 과하거나 부족할 때 투사 각도에도 영향을 준다. 중심이동(Delivery) 단계에서 전달된 에너지와 균형 있는 자세를 유지하기 위해서는 균형 있는 릴리즈(Release)가 필수적이다. 포환과 원반이 손에서 떠난 후 오른쪽 발과 왼쪽 발의 위치를 바꿀 때, 균형을 잃고 써클을 이탈하여 파울을 범하면 지금까지 했던 모든 것이 헛수고가 되므로 유의해야 한다.

Part 4

Phase	Faults
시작 자세와 와인드 업 (Starting Stance & Windup)	부적절한 그립 시작 자세의 발의 위치 및 너비 과한 와인드 업(Wind up) 동작 몸통의 흔들림
턴의 시작 (Entry into the Throw)	부적절한 체중 전이 부적절한 피벗(Pivot) 동작 오른발이 느리게 행동할 때 왼쪽 측면이 6시 방향으로 당겨지는 동작 기구를 잡은 손이 몸 뒤에서 끌려오지 못 하는 현상 피벗(Pivot) 동작 시 팔의 균형이 깨지는 현상 피벗(Pivot) 동작 시 무릎 간격이 좁아지는 현상 오른쪽 다리의 드라이브가 부적절한 현상 관성 생성이 부족하여 가속이 약한 경우
비행 그리고 파워포지션 (Flight and Power Position)	오른발이 비행 후 서클 중앙에 잘못된 자세로 착지하는 현상 파워포지션의 기울기가 과하거나 부족한 현상 기구를 잡은 손이 몸 뒤에서 있지 않거나, 앞으로 떨어져 있는 현상 오른쪽 다리가 피벗(Pivot) 되지 않고 미는 동작을 하는 현상 왼발과 오른발 간격이 부적절한 현상 왼쪽 어깨가 일찍 열리는 현상 양팔의 각도가 몸과 90°를 이루지 못할 때 시선이 너무 위를 보거나 왼쪽으로 빠르게 돌리거나 하는 현상
중심 이동 및 던지기 (Delivery & Follow Through)	블록 시 왼쪽 무릎이 신전을 못 하는 현상 왼쪽 다리로 중심 이동이 되지 않는 현상 왼쪽 팔꿈치가 몸에 닿거나 뒤로 당겨 왼쪽으로 치우치는 현상 오른쪽 둔부가 리드하지 않는 현상 기구를 잡은 팔이 몸과 90°를 유지하지 못하는 현상 기구의 회전 방향 복귀(Recovery) 단계에서 균형을 잃고 파울하는 현상

표1.
전형적인 실수
(Typical Faults)

Part 5. 드릴(Drills)

Part 5

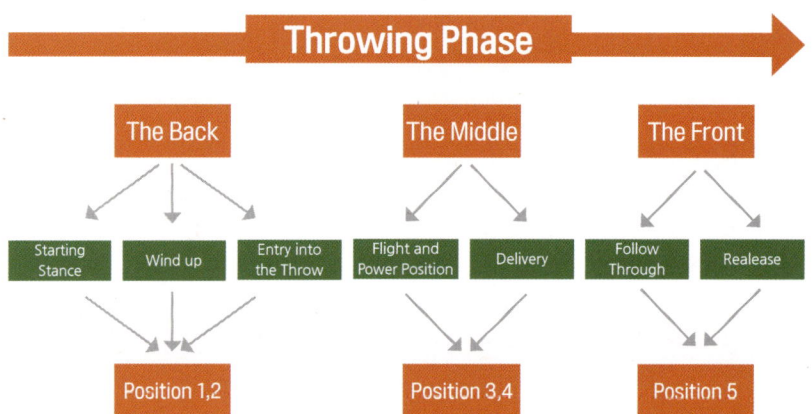

그림 16.
Throwing Phase 1

그림 17.
Throwing Phase 2

포환던지기와 원반던지기의 공통적 특징은 런업(Run-up) 단계에서 얻어진 운동에너지와 운동량(Kinetic Energy & Momentum)을 기구에 연결한다는 점이다. 릴리즈 포인트까지 얼마나 길고 빠르게 전달하느냐에 따라 경기력이 달라진다. 하지만 기구의 무게에 따라 초보자는 단시간 내에 적응하기 힘들고, 투척하기에는 무리가 있어 시작 단계에서 잘못된 자세를 익히기 쉽다. 그리고 체력이 뒷받침되지 않는 선수 역시 정확한 자세를 갖기 어렵다.

체력적 요인이 결여되면 경기력을 발휘할 수 없고, 부상도 일어날 수 있다. 그래서 투척 기술을 습득하기 위해서는 던지는 동작을 모방하여 연습하고, 연령 및 신체 능력에 따라 가벼운 무게부터 무거운 무게까지 순차적으로 늘려가며, 전체적인 동작을 완성하는 것이 좋다. 지나치게 편중된 체력 향상 프로그램은 선수의 부상 유발 및 불균형을 초래하며, 유연성 부족, 불균형으로 인한 부적절한 과부하의 지탱, 협응력 부족 등으로 인해 부상으로 연결된다. 다시 말해, 선수 개인마다 종목에 맞는 계획적인 강화훈련을 통해 체력적 요인을 키우고, 동시에 많은 시간과 투자를 통해 올바른 동작을 익히는 데 집중할 것을 권장한다.

초보자의 경우, 기술의 완성도를 높이기 위해 습득한 기술을 단계별로 실행하면서 원활하게 체중 이동이 이루어져야 기구를 멀리 던질 수 있다. 하지만 이 원리를 잘 이해하지 못하는 경우가 많다. 이에 동작을 단계별로 세분화하여 부정확한 부분을 집중적으로 훈련하여 올바른 동작으로 만들어야 한다.『그림 16』,『그림 17』과 같이 보통 Back, Middle, Front 구간별로 나누기도 하고 더 세분화하여 구분

하자면, 시작 자세부터 와인드 업(Wind up) 이후 이중 지지단계에서 단일 지지단계 전까지를 Position 1, 단일 지지단계에서 오른쪽 다리의 스윕(Sweep) 동작을 Position 2, 비행 단계를 거쳐 오른쪽 다리의 오버테이크(Overtake) 동작 이후 지면에 닿는 때를 Position 3, 파워 포지션(Power Position) 생성 단계부터 왼쪽 다리가 지면 닿을 때까지를 Position 4, 중심이동(Delivery) 구간 이후 릴리즈(Release)까지를 Position 5라고 한다. 이럴 경우 선수의 포지션(Position)에 대한 이해도 높이고 지도자와 선수 간의 시간, 의사소통 등 효율적인 훈련을 할 수 있다.

Part 5-1 Basic Rotation Drill

회전식 포환던지기(Rotational Shot Put) & 원반던지기(Discus Throw) 드릴(Drills)의 명칭과 종목 특성에 맞게 7종목의 훈련법으로 소개하려고 한다. <표 2>와 같이 명칭을 정형화함으로써, 지도자들이 지도할 때 정확한 지시를 할 수 있다. 또한 과거 훈련법과 같이 명칭의 정형화 없이 지도자가 임의로 명칭을 부여하면, 훈련의 지도자가 바뀔 때마다 선수에게 혼란이 초래할 수 있으므로 세분화한 훈련법을 기술 특성에 맞는 동작들로 분류하여 용어 및 명칭을 정형화할 필요가 있다. 다음은 기본적인 일곱 가지 훈련법이다.

Rotational Shot Put & Discus Throw Drills
1. Left Foot Pivot 90˚, 180˚, 360˚
2. Giant Step
3. 180˚ Wheel (Right Foot Pivot)
4. Keep One's Balance
5. Twister (Right Foot 'Twister' Effect Side)
6. Turns On the Line Side Start (10~20m)
7. Full Turn (With Towel, Weight Ball, Medicine Ball, Stick)

표 2.
Basic Rotation Drill

주기적으로 나누었을 때, 집중적으로 실시해야 할 시기는 GPP(일반준비기)이며, 세트 수와 횟수를 증가하여 뇌 가소성(Brain Plasticity)을 통한 신경계의 운동기능 및 체력적 요소를 발달시키고, SPP(특정준비기)와 CP(경기기)에서는 던지기 훈련에 맞춰 지도자와 선수의 필요에 맞춰 실시하는 것이 좋다.

드릴 반복훈련에 따라 반응시간을 단축할 수 있다. 이 반복적인 훈련을 통하여 반사 동작의 작용에 따른 감각 운동이 통합되고 뇌와 척수가 감각 정보를 해석하는 시간이 단축된다. 또한 신체 기관들의 협력이 향상되고 동원되는 근섬유, 즉 운동단위를 조절하여 동작을 정교하게 만든다.

스틱, 미니 허들, 콘, 메디신 볼, 풀업 밴드 등과 같은 소도구를 이용하면 효과를 추가 할 수 있고 포환던지기 선수와 원반던지기 선수의 드릴훈련 시 상체 기울기, 팔의 위치 등 종목 특성에 맞게 변화를 주며, 전체적인 훈련의 개념과 목적은 같다. 이 파트에서 제공된 사진과 영상은 원반던지기 종목에 맞게 촬영되었다.

1. Left Foot Pivot 90°, 180°, 360°

이 드릴은 Back 구간, Position 1단계를 연습하는 드릴이며, 첫 번째 이중 지지단계에서 단일 지지단계로 회전할 때, 중심축을 잡는 연습을 통해 선형 드라이브(Powerful Linear Drive)의 기초적인 힘과 자세를 형성하기 위해서이다.

피벗(Pivot)이 되는 왼쪽을 고정하고 발볼 중앙에 중심이 오도록 노력한다. 대부분 초보자는 피벗(Pivot) 형성 및 회전에 대해 익숙하지 않기 때문에 다리보다는 상체(Upper Body) 위주로 회전하려고 한다. 왼팔을 빠르게 돌려 중심축이 기울게 하거나, 시선으로 먼저 리드하여 왼쪽 팔이 6시 방향으로 일찍 이동하여 오른쪽 다리의 스윕(Sweep) 동작을 방해할 수도 있다. 2019년도에 미국 샌디에이고 출라비스타에 위치한 미국 올림픽 훈련 센터(United States Olympic Training Center)에서 만난 대표팀 코치였던 존 다가타(John Dagata)는 포크로 사람의 형상을 만들면서 회전식 포환던지기와 원반던지기에서 가장 중요한 것은 밸런스라고 한 것이 기억에 남는다. 회전에 있어서 밸런스의 중요성은 아무리 강조해도 지나치지 않다. 첫 번째 이중 지지단계에서 단일 지지단계로 회전할 때 작은 변화가 던지기 구간까지 부정적인 ●스노우볼 효과(Snowball Effect)를 가져올 수도 있기 때문이다.

●스노우볼 효과(Snowball Effect): 어떤 사건이나 현상이 작은 출발점에서부터 점점 커지는 과정

양발을 어깨너비로 벌리고 무릎은 약간 구부린다. 이후 팔은 종목별 기구 위치에 놓여야 하고 오른쪽 발을 밀거나 차는 것처럼 지면을 밀어 90˚, 180˚, 360˚ 각도에 맞게 회전한다. 어깨, 무릎 각, 팔 높이 등은 첫 시작 자세와 동일하게 시작하여 회전하도록 노력한다.

그림 18.
Left Foot Pivot
90˚, 180˚, 360˚

Part 5. 드릴(Drills)

2. Giant Step

'Giant Step' 드릴은 Back 구간에서 Middle 구간, Position 1~3 단계를 연습하는 드릴이다. 단일 지지단계에서 회전하면서 선형적인 파워를 유지하는 방법을 연습한다. 'Left Foot Pivot 90°' 후 20~30° 더 이동한 후 드라이브한 오른쪽 다리는 6시 방향으로 스텝을 한다. 드라이브한 오른쪽 다리는 서클 중앙에 위치해야 한다. 시선과 가슴의 방향은 6시를 바라보게 하고 전체적인 자세는 낮게 유지하면서 실시한다. 이 드릴을 시행할 때 너무 과하게 오른쪽 다리로 중심이 실리거나 지면에 지지했던 왼쪽 다리는 떨어져서는 안 된다.

그림 19.
Giant Step

3. 180° Wheel (Right Foot Pivot)

'180° Wheel' 드릴은 서클에 착지한 오른쪽 다리를 중점적으로 균형적이고 파워풀한 피벗(Pivot) 연습을 하는 드릴이다. 보통 파워 피벗(Power Pivot) 또는 휠(Wheel)과 같은 다양한 이름으로 사용된다.

이 드릴은 6시 방향으로 바라보고 제자리 던지기 자세를 취한다.

왼쪽 다리를 강하게 밀면서 회전에 기여하도록 하고, 빠르게 오른쪽 다리로 붙여 피벗(Pivot)되는 오른쪽 다리와 같이 몸을 회전한 후 시선과 가슴의 방향이 12시 방향에 왔을 때 왼쪽 다리를 5~6시 방향에 착지한다. 이때 형성된 파워포지션 자세를 확인하거나 연속적으로 실시 연습할 수 있다. 또한 턴을 하는 동안 형성된 회전축에서 어떤 방향으로도 추가적인 움직임이 없어야 하고, 드릴을 시행하는 동안 어깨와 엉덩이 위치가 동일하게 유지되어야 한다.

그림 20.
180˚ Wheel
(Right Foot Pivot)

4. Keep One's Balance

'Giant Step' 드릴과 같이 시작 자세(Starting Stance)는 12시 방향을 바라보고 서서 이중 지지단계에서 단일 지지단계로 전환하거나 'Left Foot Pivot 90˚'를 실시한 후 실행한다. 몸이 회전한 후 비행 단계에서 벗어나면서 오른쪽 다리가 착지 후 왼쪽 어깨와 팔은 몸통의 토크(Torque)를 발생시키기 위해 3시 방향에 멈추게 하여 토크(Torque)를 증가시키기 위한 연습이다. 오른쪽 다리의 스윕(Sweep) 동작 이후 서클 중앙에 위치하여야 하고, 피벗되는 오른쪽 다리가 지면에 접지될 때 발목은 단단해야 하며, 무릎은 굽혀있어야 한다. 가장 이상적인 회전축은 발목, 무릎, 가슴 부위가 수직선 위에 있어야 한다. 왼쪽 다리는 오버테이크(Overtake) 동작 이후 6시 방향으로 강하게 밀고 회전축에 가까이 붙여 안정성과 토크(Torque) 증대에 기여한다. 초보자의 경우 이중 지지단계에서 단일 지지단계로 전환 후 실시하기 어려우면 'Left Foot Pivot 90°' 후 20~30° 더 이동한 후 실시한다.

그림 21.
Keep One's Balance

5. Twister (Right Foot 'Twister' Effect Side)

지면의 가상 라인이나 2~3m 라인을 표시하여, 'South African Drill'이나 'Step in' 같은 드릴을 시작할 때처럼 시작 자세(Starting Stance)는 6시 방향을 바라보고 옆으로 선 상태(Side Start)에서 오른쪽 다리의 스윕(Sweep) 동작-착지-강한 피벗-왼쪽으로 중심 이동 순으로 실시하며, 복귀 시에는 반대 순서대로 복귀하고 다시 연속적으로 실시한다.

중심 이동(Delivery) 시에 선수가 회전축이 되는 오른쪽 다리가 연속적이고 강한 피벗(Pivot)이 되지 않을 때, 왼쪽 측면의 축이 무너지거나 좌우로 치우치는 현상은 궤도의 변화, 운동에너지 및 운동량 축소, 밸런스의 문제 등 선수의 경기력을 저하하는 문제점들이 발생한다.

그림 22.
Twister (Right Foot
'Twister'
Effect Side)

6. Turn On The Line Side Start (10~20m)

'Turn On The Line Side Start' 드릴은 10~20m 거리를 정해 연속적으로 턴을 하는 훈련이다. 이 드릴은 연속적으로 회전하면서 신체적응과 기능적 발달을 통해 회전에 대해 적응하고 단일 지지단계에서 선형적인 파워를 증가시킬 수 있도록 왼쪽 다리의 서포터 역할을 연습한다. 턴을 실행할 때 왼쪽 다리의 미는 동작(Push Off)을 선형적으로 유지하고 항상 기구는 오른쪽 다리와 골반 뒤로 올 수 있도록 노력해야 한다. 이후 세컨더리 스윕(Secondary Sweep) 동작에서 더 빠른 이동을 위해서 왼쪽 무릎은 오른쪽 무릎에 가까이 붙이고 리드미컬하게 움직이도록 노력해야 하며 라인 위에서 실시하면 선형적인 움직임에 도움이 된다.

그림 23.
Turn On The Line
Side Start (10~20m)

7. Full Turn

'Full Turn' 드릴은 마지막으로 훈련을 실행하면서, 단계별로 연습하였던 기본 드릴을 연결하여 실행하여 하나의 연속적인 동작을 만드는 훈련이다. 저항을 얻을 수 있는 수건, 웨이트 볼, 스틱, 밴드 등의 소도구들을 사용하면서 훈련한다. 빠르게 실행하는 것보다는 단계별 드릴들의 특징을 잘 이해하고 적용하여, 동작의 완성도를 높이는 것이 중요하다.

그림 24.
Full Turn

Part 5-2 Hip to Hurdle

파워 포지션(Power Position) 단계에서 던지기(Follow Through)까지 회전축을 형성하는 오른쪽 측면은 왼쪽 측면의 블록(Block)을 통해 강력한 에너지를 형성하기 위해 빠르게 회전해야 한다. Hip to Hurdle 드릴 훈련은 선수들의 회전축 기울기, 몸통의 코일링(Coiling)을 통한 강력한 토크(Torque)를 만들 수 있게 해준다. 왼쪽 엉덩이가 허들을 많이 밀거나 기구를 던진 후 오른쪽 엉덩이가 허들에 닿지 않는다면, 왼쪽 무릎 굽힘으로 인한 중심 이동으로 오른쪽 회전축을 형성하지 못하거나 파워풀한 피벗(Pivot)을 가지지 못한 선수일 수 있다. 회전식 포환던지기와 원반던지기 선수 모두 이 드릴을 사용할 수 있으며 오른쪽 측면에서 봤을 때 던진 후 왼쪽 엉덩이가 오른쪽 엉덩이에 의해 가려져서 보이지 않아야 한다.

그림 25.
Hip to Hurdle

Part 5-3 Pop-Ups Drill

과거에 4 to 5 Position에서 중심이동(Delivery)과 블록(Block)을 강조한 나머지 리프트(Lift)에 대한 개념을 간과하였다. 나의 존경하는 스승이자 친구인 게이브 가르자(Gabe Garza)는 이 드릴과 개념에 대해 강조하였고 그 덕분에 나는 다시 원반에 대한 개념을 정립할 수 있었다. 그의 가족은 육상선수 집안으로씨 그의 아들인 그레그 가르자(Greg Garza)는 63m를 던졌던 원반던지기 선수이자 현재 'UC Riverside Track and Field Coach'이기도 하다. 그는 미국에서 가장 존경받고 최고의 지도자로 칭송받는 아트 베네가스(Art venegas)의 지도를 받기도 하였다. 드릴이 유용한 선수는 협응력이 떨어지거나 경험이 적은 초보자다. 이들은 던지기에 급급한 나머지 몸을 사용 못 하고 팔로 던지려는 경향이 매우 높다. 던지기 선수는 상체(Upper Body)가 아닌 하체(Low Body)로 리드를 해야 하며, 릴리즈 시에 골반의 방향은 던지는 6시 방향을 바라봐야 한다. 하지만 상체(Upper Body)로 리드하는 선수는 올림과 회전(Lift & Rotation)을 할 수 없다. 주의해야 할 점은 드릴의 개념에 대해 이해하되 너무 심취한 나머지 기구를 던질 시 블록을 해야 할 왼쪽 다리의 역할을 무시하고 들어 올리는 실수를 해서는 안 된다. 이 드릴은 제자리 던지기(Standing Throw), 스텝 인(Step in)에 적용하여 훈련할 수 있다.

그림 26.
Pop-Ups Drill
(Standing
& Step in)

Part 5. 드릴(Drills)　　97

Part 5-4 Banded Twister(Side Start)

회전식 포환던지기나 원반던지기를 시작하는 경력이 적은 선수뿐만 아니라 우수 선수 또한 딜리버리(Delivery), 즉 중심 이동에 대해 어색해하고 어려워한다. 모든 선수는 파워포지션에서 릴리즈 단계(Position 3~5)까지 직선적인 힘(Linear Force) 증가와 가속도 거리의 증가를 통해 경기력 향상을 꾀하도록 해야 한다.

'Basic Drill'의 경험을 통한 딜리버리(Delivery)의 신체 적응이 완성되면, 부하를 주어 전문 근력(Specific Strength)을 증가시켜야 한다. 'Sled Training'이나 'Vertimax' 같은 훈련을 생각해 보면 이 드릴에 대한 이해가 빠를 것이다.

먼저 6시 방향을 바라보고 옆으로 선 상태(Side Start) 자세에서 파트너는 스윕(Sweep) 동작이 이루어지는 오른쪽 다리 허벅지 위에 밴드를 걸어 잡아주고 드릴을 실행하는 선수는 정면을 바라보며, 오른쪽 다리 안쪽(Inside)으로 스윕(Sweep) 하면서 직선적으로 밀어준다. 이때 가슴과 시선을 정면을 바라보며, 즉 6시 방향을 바라보면서 상체의 토크(Torque) 발생을 돕는다. 오른쪽 다리가 지면에 착지하면서 파워풀한 회전축(Pivot)을 만들면서 왼쪽 측면으로 중심을 이동시킨다. 이때 왼쪽 다리는 굽혀서는 안 되며, 시선은 12시를 바라본다.

중심 이동이 끝나면 역순으로 실행하면서 사이드 스타트(Side Start) 자세로 돌아가 다시 반복한다. 드릴을 실행할 때 파트너는 드릴 실행에 방해되지 않도록 밴드의 강도를 조절하면서 도와야 한다.

그림 27.
Banded Twister
(Side Start)

Part 5

Part 5-5 Cone Drill

콘(Cone)을 사용할 때는 주로 'Left Foot Pivot Drill' 훈련 시 방향을 표시하거나 'Full Turn' 훈련 시에 손에 쥐고 바람의 저항을 이용할 때 사용한다. 콘(Cone)은 크기별로 선수의 능력에 맞게 사용할 수 있으며, 훈련 시 콘을 밟아 넘어지거나 부딪쳐 타박상 같은 상해에서 자유로울 수 있는 것으로 선택한다.

이 훈련에도 콘(Cone)을 가장 많이 사용하는 훈련은 Back 구간에서 이루어지는 이중 지지단계(Double- Support Phase)에서 단일 지지단계(Single-Support Phase)로 전환하는 훈련을 할 때 가장 많이 사용한다. 12시 방향으로 바라본 후 콘은 12시 방향에 위치하며 거리는 선수의 신장이나 다리 길이에 맞게 설치한다. 이 훈련은 오른쪽 다리가 파우(Paw) 동작(이중 지지단계에서 단일 지지단계로 변환 시 스윕(Sweep) 동작을 취하는 오른쪽 다리가 지면을 밀며 무릎을 내미는 동작) 이후 와이드 한 스윕(Sweep) 동작을 하기 위함이다. 콘(Cone)이란 장애물로 인해 다리는 의식적으로 콘을 피하고자 좀 더 빠르게 들어 올려지게 되며, 이때 선수는 선형 드라이브(Powerful Linear Drive)를 할 수 있는 기초적인 힘과 자세가 형성된다. 초보자들은 Back 구간인 이중 지지단계(Double- Support Phase)에서 단일 지지단계(Single-Support Phase)로 전환하는 것을 많이 어려

위한다. 이때 Cone Drill이 많은 도움을 준다. 오버 로테이션(Over Rotation) 되는 선수에게는 Back 구간단계에서 등 뒤로 큰 콘을 설치하면, 벽과 같은 장애물의 효과를 얻을 수 있어 오버 로테이션(Over Rotation)을 교정할 수 있다. 또한 콘의 위치를 동일한 위치에 설치하고 'Left Foot Pivot 360°', 'Twister', 'Full Turn' 등 다양한 드릴을 훈련할 수 있다.

그림 28.
Cone Drill

Part 5-6 Wall Drill

제한적인 환경은 선수에게 다소 불편함을 주지만 무의식적인 반사적 신체의 움직임을 나타나게 한다. 지도자와 선수는 제한적인 환경을 통해 나오는 그 움직임을 효율적으로 이용해야 한다. 회전식을 추구하는 선수의 마지막 릴리즈 단계까지의 직선적인 힘(Linear Force)과 회진력(Rotation Force)이 조화를 이루어야 한다. 서로의 힘이 증대될 수 있도록 두 가지의 힘이 제어를 통한 기능적, 기술적 향상을 통해 밸런스가 향상되고 최대의 경기력을 나타낼 수 있기 때문이다. 'Wall Drill'은 지도자에 따라 다양한 방법으로 실행할 수 있지만 필자는 기본적인 3가지의 드릴을 설명하고자 한다.

1. Blocking

기술에 숙달된 선수는 필요성을 못 느낄 것이다. 하지만 많은 선수는 파워포지션에서 릴리즈 단계까지 도달할 때 많은 실수를 한다. 왼쪽 측면 다리와 왼쪽 팔의 블록에도 몸의 회전이 이루어지지 않고 던지기에 급급한 나머지 엉덩이가 후방으로 빠진 채 던지거나 정확한 중심 이동을 하지 않는 경향이 있다. 이 드릴은 처음 시작하는 선수뿐만 아니라 블록을 이용한 중심 이동이 서툰 선수도 훈련할 필요가 있다.

벽이란 장애물과 왼쪽 다리의 블록을 이용하여 자연스럽게 상체를 뒤로 기울게 되고 피벗(Pivot) 되는 오른쪽 무릎의 굽힘, 즉 니 다운(Knee Down)이 이루어지면서 기구의 올바른 궤도와 위와 같은 자세가 형성되면서 던지는 팔과 다리 그리고 몸통으로부터 축 회전력, 즉 토크(Torque)가 향상되어 최대 에너지를 생성할 수 있다.

왼발은 벽에 가까이 붙이고 제자리 던지기(Standing Throw) 자세를 취한 다음 180°(오른쪽 측면까지 몸과 팔을 돌린다) 회전한다. 양발에 실리는 무게감을 느끼면서 왼쪽의 블록하는 연습을 한다. 이때 아치를 만들 수 있도록 12시 방향을 최대한 바라보면서 회전하고 팔과 엉덩이가 180°로 돌아왔을 때, 왼쪽 무릎이 굽혀져 벽에 몸이나 얼굴이 닿지 않도록 해야 한다. 바운드성이 강한 공을 던질 경우 벽에 바운드 되는 공에 의해 부상을 초래할 수도 있기 때문에 주의하는 것이 좋다.

그림 29. Blocking

2. Sweep Leg

이 드릴은 오른쪽 다리의 스윕(Sweep) 동작과 상체와 엇갈리는 오버테이크(Overtake) 동작을 느낄 수 있으며 선수의 기술 향상에 도움이 된다. 벽을 등지고 와인드 업(Wind up)을 한 후, 왼쪽 팔을 돌리지 않은 채 벽을 향해 오른쪽 다리로 찬다. 이때 선수는 발가락을 다치지 않도록 주의해야 한다. 오른쪽 다리는 인사이드(Inside)로 차야 하는데 엄지발가락이 벽을 향하게 킥(Kick)을 함으로써 발가락의 좌상이나 염좌를 얻을 수 있고 심하게는 골절까지 되는 경우도 있으니 유의해야 한다. 왼쪽 다리의 경우 스윕(Sweep) 동작과 동시에 들어 올리는 동작을 해야 한다. 이 동작을 함으로써 Position 2에서 Position 3까지 이루어지는 비행 단계에서 스프린터와 같은 강한 선형 드라이브(Powerful Linear Drive)를 구사하는 데 도움이 된다.

그림 30.
Sweep Leg

3. Back Kick

선수는 던지기 훈련을 통해서 기술 발전을 꾀하려 한다. 하지만 연습을 같이하는 동료와의 경쟁 상황을 접하거나 선수의 컨디션에 따른 오버된 강도, 계획적이지 않은 스케줄 등에 따라 적절하지 않은 과한 동작과 경직된 움직임을 보일 때가 있다. 이때 실수를 많이 하는 것 중 하나로 상체의 과회전(Over Rotation)을 들 수 있다. 이는 강한 선형 드라이브(Powerful Linear Drive)에서부터 발행한 직선적인 힘(Linear Force)을 감소시키는 결과를 초래한다.

6시 방향의 벽을 바라보고 옆으로 선 상태(Side Start)에서 선수는 'South African Drill'이나 'Step in'과 오른쪽 다리를 스윕(Sweep) 동작 이후 지면에 터치다운을 한다. 이때 왼쪽 다리는 지면에 닿는 것이 아니라 강하게 벽을 차는 것이다. 몸의 회전 이후 벽으로 다리를 차야 한다는 것을 인식하고 있기 때문에 회전하지 못한다. 이때 주의할 점은 스윕(Sweep) 동작을 할 때 최대한 벽을 바라보고 시선과 가슴이 벽을 향하도록 하여 비틀림을 형성하도록 한다.

그림 31.
Back Kick

Part 6. 주기화

Part 6

Part 6-1 주기화란?

주기화는 운동선수가 최대 능력을 발휘할 수 있도록 반복적인 훈련으로 가장 과학적이고 효과적으로 조직화함으로써, 운동부하의 적절한 변화를 통하여 과도한 트레이닝을 방지하고 최대 능력을 발휘할 수 있도록 하는 것을 의미한다. 즉 선수가 적당한 시기에 경기를 위한 최고의 컨디션 상태에 도달하도록 도움을 주는 것을 말한다. 주기화 트레이닝의 단계에서 주요 훈련 기간은 크게 준비기(Preparation Period), 경기기(Competition Period), 전환기(Transition Period)로 나눌 수 있다.

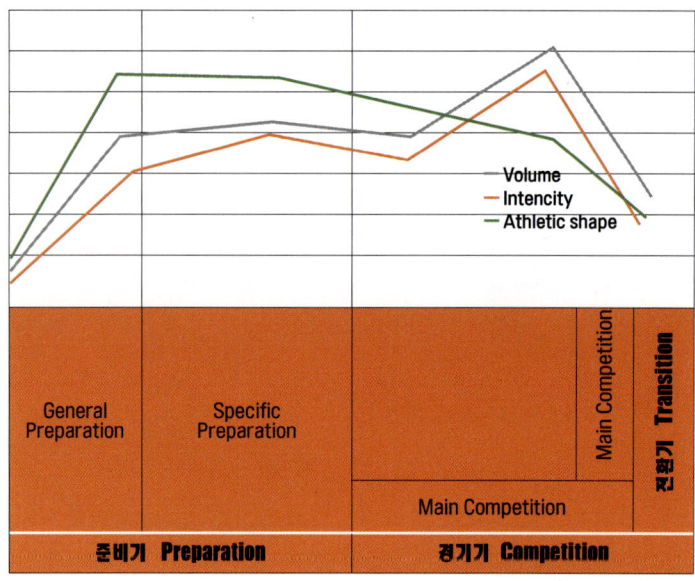

그림 32.
주기화 트레이닝

Part 6-2 주기화 훈련주기

● 대주기(Macrocycle)
- 대주기는 준비기(Preparation Period), 경기기(Competition Period), 전환기(Transition Period)를 포함한 기간을 말한다. 일 년에 한 번 메이저 대회를 목표로 하는 한 차례 최대 강도의 트레이닝을 말하는 단일주기와 두 번의 메이저 대회를 목표로 두 차례 최대 강도의 트레이닝을 실시하는 이중주기가 있다.

● 중주기(Mesocycle)
- 중주기는 약 4주~6주 정도 기간의 프로그램으로 특정 목표를 가진 3~7개의 연속적인 소주기로써, 일반 준비 단계, 특정 준비 단계, 경기 전 단계, 경기 단계, 전환 단계를 말하며 훈련의 목표에 따라 기간을 설정하며, 대회까지 남은 기간과 선수 상태에 따라 다소 달라진다.

● 소주기(Microcycle)
- 여러 훈련 세션이 연속적으로 구성된 더 짧은 훈련 주기로 주 7일에 해당한다. 유사한 목적과 내용을 가진 트레이닝을 주에 2~3회 반복해서 실시한다. 이는 기술 향상과 체력 향상을 위한 트레이닝의 필수적인 요소이다. 또한 선수가 극한 상황까지 도달하는 트레이닝은 12회를 넘지 말아야 하며, 1주에 한 번 정도는 가벼운 활동이나 휴식이 필요하다.

● 준비기(Preparation Period)

1. 일반 준비 단계(General Preparation Phase)

　일반 준비기(General Preparation Phase) 단계에서는 연간 트레이닝 프로그램 중 25%의 비중을 차지해야 한다. 과거 고등학교 감독님이 이 기간에 부상이나 부득이한 일로 훈련에 참가하지 못했을 때, 하루를 훈련하지 않으면 경쟁자에 일주일이 뒤처지고 일주일 훈련을 하지 않으면, 한 달을 뒤처진다고 말씀하신 적이 있다. 이 시기에 충분하지 않은 훈련은 경기 단계에 경기력 감소를 초래한다.

　경기력 향상을 위한 기술적, 체력적 향상을 목표로 개발하여야 하며, 지구력이 요구되는 마라톤, 중장거리 선수 같은 경우 전체 훈련 기간의 70~80%를 유산소성 지구력 향상에 투자해야 하지만 투척의 경우, 종목별 드릴(Drill)을 통한 전문 근력과 기초기술을 향상시키고, 최대 근력을 향상해야 한다. 일주일에 3일 정도의 웨이트 트레이닝과 던지기를 실시하며, 3~4개월의 긴 중주기(Mesocycle)를 완성해야 한다. 또한 플라이오메트릭(Plyometric)훈련과 민첩성에 관련된 훈련을 실시하고 바, 케틀벨, 콘, 수건, 웨이트볼, 밴드 등과 같이 다양한 도구를 사용하여 기술 훈련을 실시하고 일주일에 3회 정도 던지기 훈련을 해야 한다.

2. 특정 준비 단계(Specific Preparation Phase)

　이 시기는 일반 준비기(General Preparation Phase) 단계와

는 다르게 그 해 시즌으로 이어지는 단계로 일반 준비기(General Preparation Phase) 단계에서 발달된 근력과 기초기술을 이 시기에 잘 연결해야 하며, 근력 향상 단계에서 파워 단계로 전환을 실행해야 한다. 또한 기술 훈련과 던지기를 모방하는 특정 트레이닝으로 전문 근력(Specific Strength) 향상을 목표로 70~80%의 훈련량을 투자해야 한다.

시즌에 가까워질수록 트레이닝의 양을 점차 감소시키고, 트레이닝 강도는 증가시켜 질을 높여야 한다.

● 경기기(Competition Period)

3. 경기 전 단계(Pre-Competition Phase)

4~6주에 걸쳐 일반 준비 단계(General Preparation Phase)와 특정 준비 단계(Specific Preparation Phase)에서 준비해 왔던 운동 능력을 유지하고 종목의 특이적인 파워 트레이닝으로 전환해야 한다. 이를 위해 지도자와 선수는 트레이닝 강도와 양을 잘 조절하고 유지하도록 해야 한다. 이 단계에서 트레이닝의 양과 강도 조절에 실패하면 경기력에 직접적으로 연결된다. 특히 투척 선수의 경우 최대근력이 유지되지 못한다면, 경기 단계가 끝날 무렵 파워가 감소하는 경향을 보일 수 있다. 이 시기에는 준비기를 통해 향상된 능력을 트레이닝 중 최대한 발휘하여 체크해야 하고, 부득이 경기에 참여해야 하는 경우 프로그램 변경을 삼가야 한다. 이때 경기력을 체크해야 할 뿐 자연스럽게 프로그램을 수행해야 한다.

4. 경기 단계(Competition Phase)

경기 단계에서는 선수의 능력을 최대로 향상해 해당 경기에서 최고의 경기력을 보여주어야 한다. 던지기 선수의 경우 협응력, 스피드, 파워 등 능력을 유지하면서, 준비기 단계 트레이닝의 양을 50~75% 정도로 낮춰 선수의 피로도를 줄여주어야 한다. 적절한 영양 섭취, 던지기, 리프팅, 민첩성 훈련, 그리고 휴식과 회복이 선수의 최고의 신체 상태에 이르게 해줄 것이다.

● 전환기(Transition Period)

5. 전환 단계(Transition Phase)

전환 단계(Transition Phase)는 두 주기의 교량 역할을 하는 시기이며 '전이기'라고도 한다. 이 시기의 목표는 선수는 시즌 동안 누적됐던 신체적, 정신적 피로에서 회복하는 단계로 고갈된 에너지를 보충하고 쌓인 피로를 해소하는 재충전의 시기를 갖는 것이다. 근육의 피로는 짧은 기간에 회복되지만, 중추신경계나 심리적인 피로는 오랫동안 남아 있어 선수에게 영향을 줄 수 있다.

투척 선수는 4~6주 정도의 기간 40~50%의 체력을 유지하며, 전환기를 너무 오래 가질 경우 트레이닝 효과 상실로 근력이 크게 감소할 것이다. 또한 선수와 전 시즌을 분석하여 새로운 계획을 수립해야 하는 시기이다.

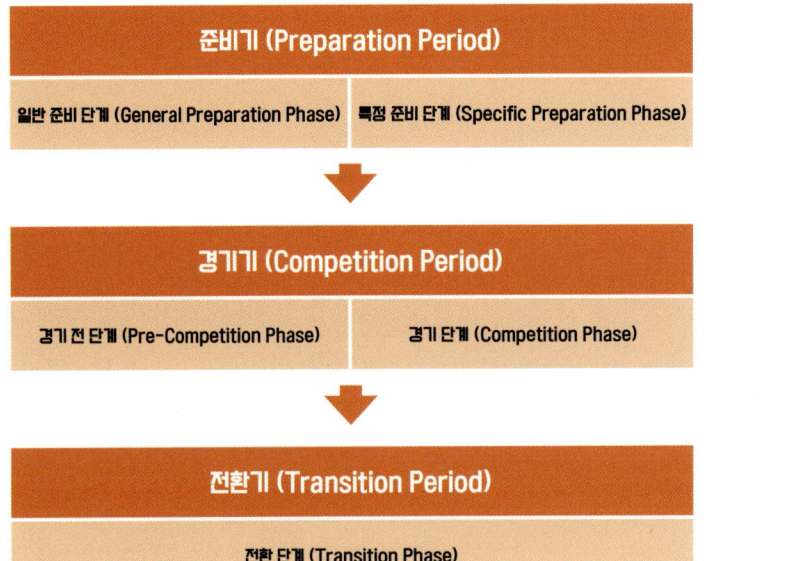

그림 33.
주기화 훈련

Part 6-3 훈련 세션 계획하기

선수의 경기력 및 능력 향상은 오랜 시간 동안 훈련해 온 여러 훈련 세션의 양과 질에 따라 결정된다. 훈련의 양이나 질에 대한 선수의 반복적인 생리학적 적응이 선수의 경기력이나 운동능력이 향상되거나 저하로 연결될 수 있기 때문에 훈련 세션을 계획하는 것은 중요한 일이다.

훈련 세션의 시간과 활동 내용, 강도를 체크하고 이런 기본적인 데이터들을 기록하고 피드백에 의한 수정 등을 통해 훈련하는 선수의 관리에 큰 도움이 될 수 있다.

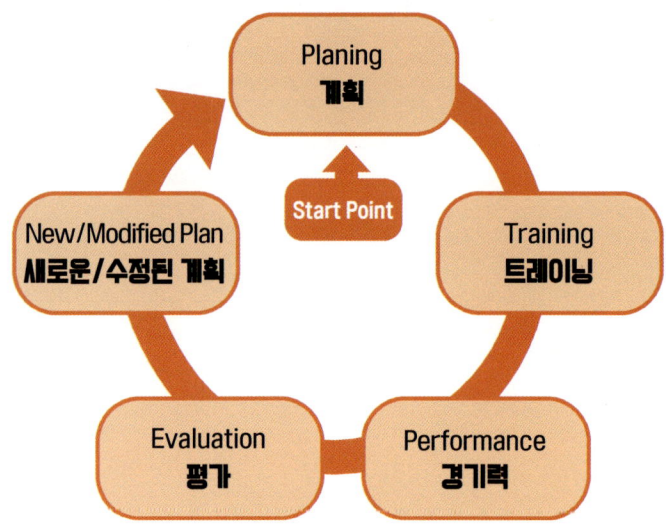

그림 34.
훈련세션 계획하기

첫째로, 지도자는 여러 훈련이 주기화되는 훈련 단계, 훈련 기간의 전체적인 그림이 올바른 설정인지 고려하여 전체적인 목표와 목적을 수립해야 한다. 둘째로, 선수의 기술적 요소, 체력적 요소 또는 에너지 체계가 어떻게 발달할 것인지 예상하여, 특정 목표와 목적을 수립한다. 셋째로, 어떤 것이 가장 효과적인 연습 세션인지 각 훈련 단위별로 특정 목표를 두고 전후로 어떤 훈련을 해야 할지 고려해야 한다. 넷째로, 목표와 목적을 달성하기 위한 활동과 이 활동의 순서를 정해 훈련 세션을 설계한다.

Part 7. 트레이닝

Part 7-1 트레이닝의 개념

트레이닝은 최상의 경기력을 발휘할 수 있도록 과학적 근거를 토대로 기본 원리 및 방법을 잘 이용하여, 체력과 기술을 향상해 각 종목에 요구되는 목적과 목표에 도달하기 위한 수단이다. 경쟁 구조의 방식에서 경쟁 상대의 수준보다 더 높은 수준에 이를 수 있도록 훈련하고 그렇지 아니한 경우라도 자신의 한계지를 극복할 수 있도록 해야 한다.

고대 이집트나 그리스 시대부터 군사력을 강화하거나 올림픽에서의 경쟁력을 높이기 위해 했던 훈련이 현대에 이르러 새로운 영역으로 기술적, 전술적, 심리적, 과학적, 체계적 등 더 복잡하고 심오한 영역으로 발전해 왔다.

코치는 복잡한 과정의 연속을 계획하고 체계화하여 트레이닝 과정을 이끌어 가야 한다. '코치(Coach)'와 '트레이닝(Training)'의 어원을 살펴보면, 코치의 경우 1500년대 헝가리의 도시 코치(Kocs)에서 만들어진 네 마리의 말이 끄는 마차에서 유래하였다. 당시 유럽 전역으로 퍼진 마차는 영국에서는 코치(Coach)라고 불리기 시작했고, 코치(Coach)는 승객을 출발지에서 목적지까지 데려다주는 개별 서비스 개념의 어원을 의미한다. 반면 트레이닝(Training)은 기차(Train)를 뜻하는 'Train'에서 유래하였으며, 여러 명의 승객을 역에서 승차하여 정해진 속도와 경로로 정해진 역까지 데려다주는 집단교육을 말한다.

트레이닝의 성공 여부는 어린 선수나 세계적인 선수를 막론하고 목적에 부합하는 목표에 도달했느냐에 달려있다. 처음 운동을 시작하는 어린 선수의 경우, 기술의 습득 및 개선, 운동능력 향상에 목표를 둔다. 전문적이거나 세계적인 선수의 경우 경기력 향상을 통한 승리나 우승, 개인 최고 기록 수립 등과 같은 더 높은 목표를 가지고 있다.

코치는 트레이닝의 목적과 목표에 맞게 기술적, 전술적, 심리적, 과학적, 체계적 등 매우 복잡한 영역에서 교육자의 역할로 선수들을 트레이닝 과정에서 이끌어 가야 하는 중요한 역할을 해야 한다.

Part 7-2 트레이닝의 원리

트레이닝의 목표를 달성하기 위해서는 과학적이고 체계적인 강화 훈련을 통해 경기력을 향상해야 한다. 기초체력, 전문 체력, 그리고 경기력을 최고 수준으로 만드는 것은 계획 수립과 과학적인 트레이닝을 통해 결정된다고 봐도 과언이 아니다. 이에 지도자와 선수는 트레이닝의 원리를 이해하고 계획해야 한다.

1. 과부하의 원리 (The principle of over load)

과부하의 원리는 말 그대로 일상생활 중 받는 부하나 자극보다 더 강한 운동 자극을 줘야 한다는 원리이다. 더 높은 체력 수준을 얻으려면 평소보다 더 강한 운동을 수행함으로써 운동 빈도, 강도, 시간 따위에서 부하를 점차 늘림으로써 체력을 향상해야 한다. 너무 약한 운동은 체력의 향상보다는 저하를 가져오고, 너무 강한 운동은 과로나 부상을 초래할 수 있으므로 주의해야 한다.

2. 점진성의 원리 (The principle of progressive load)

점진성의 원리는 트레이닝을 통한 선수의 능력 향상에 따라 과부하의 원리를 지속적으로 적용한다는 개념이다. 즉 트레이닝 시작 후

일정 기간이 지나면 체력이 향상되어 더 이상 인체에 자극을 줄 수 없는 상태로써 과부하를 줄 수 없기 때문이다. 따라서 일정 기간이 지날 때마다 부하를 단계적으로 증가시켜 줘야 체력 향상을 할 수 있다.

3. 반복성의 원리(The principle of repetition)

반복성의 원리는 체력적인 요소의 향상과도 관계가 있지만, 특히 이 책에서 다루고자 하는 포환던지기와 원반던지기 같은 기술 종목이나 전술의 습득, 의지력의 함양 등에 크게 적용되는 원리이다. 반복성의 원리가 기술 트레이닝의 원리 중 가장 중요한 것으로 여겨지는 것은 반복 트레이닝을 통한 조건 반사적인 움직임의 습득에 관한 생리학적 배경이 있기 때문이다.

4. 개별성의 원리(The principle of individualization)

개별성의 원리는 개인의 특수성을 고려하여 트레이닝함으로써 보다 큰 효과를 얻는 원리이다. 대상의 성별, 연령, 신체 능력, 종목의 특수성, 부상에 따른 신체 상태까지도 고려하여, 트레이닝을 계획하고 실행해야 한다.

5. 특이성의 원리(The principle of specificity)

특정 스포츠 종목에 중요하게 작용하는 근육과 에너지 시스템 발달에 목표를 두어야 한다는 원리이다. 특이성의 원리는 균형적으로 발달해야 할 어린 선수에게 적용하는 것은 주의가 필요하다. 지나친 특이성은 어린 선수에게 불균형적인 신체 발달에 의한 부상을 초래할 수 있으므로 각별히 주의해야 한다.

Part 7-3 스피드 향상을 위한 특이적 스트렝스 훈련 (Specific Strength Training) VS 웨이트 트레이닝(Weight Training)

지도자와 선수는 웨이트 트레이닝에 관련된 파워 리프팅이나 올림픽 리프팅 같은 훈련을 증가시켜야 할지 아니면 특이적 훈련(Specific Training)인 기능적 훈련을 더 증가시켜야 할지 고민한다. 훈련의 종류와 방법은 다양하다. 경기력 향상을 위해 지도자와 선수는 다양한 훈련의 방법과 효과에 대해 인지하고 훈련의 주기에 따라 단계별 적기·적소에 실시해야 한다.

조엘 스미스가 지은 『스피드 스트렝스』를 보면, 노트르담 고등학교의 스트렝스 코치 닉 가르시아의 적절한 자극이 경기력에 어떠한 영향을 미칠 수 있는지에 대하여 다음과 같이 설명하고 있다.

닉 가르시아는 1학년 학생 선수들을 두 그룹으로 나누어 훈련을 실시하였다. 한 그룹은 일주일에 3일 웨이트 룸에서 20분 훈련, 필드에서 40분 훈련을 실시하였으며, 다른 한 그룹은 대부분의 시간을 웨이트 룸에서 훈련하였다. 첫 번째 그룹의 학생들은 진행 과정에서 체력 테스트인 SPARQ(Speed, Power, Agility, Reaction, Quickness) 목록에 있는 기록 측정을 위한 운동을 특정하여 훈련하지 않고 메디신 볼 던지기 운동과 플라이오메트릭 운동을 하였으며, 10야드 슬레드 밀기와 20m 스프린터를 수행하였다. 필드 운동이 끝난 후 웨이트 룸에서 케틀벨, 프론트 스쿼트, 덤벨 점프 슈러그, 덤벨 하이풀, 팔굽혀 펴기, 인버티드 로우, 네발기기 움직임, 몽키바 훈련, 체조 링 매달리기 운동과 체중을 이용한 움직임 운동을 20분 동안 실시하였다. 다른 그룹은 웨이트 룸에서 클린, 스쿼트, 벤치 프레스 등과 같은 전통적인 바벨 리프팅을 수행하였다. 그 결과 6주 후 SPARQ를 실시하였는데 첫 번째 웨이트 룸 20분, 필드 40분으로 나누어 훈련했던 그룹은 평균 4.98점이 향상되었고, 웨이트 룸에서 전통적인 바벨 리프팅을 수행했던 그룹은 1.52점만 향상됐다. 바벨 리프팅만 했던 그룹도 1.52점의 향상을 보인 만큼 무겁고 강하게 들어야 한다는 생각이 옳을 수 있으나 여러 가지 훈련을 접목한 첫 번째 그룹의 4.98점을 고려한다면 어떤 것이 더 효율적인지 알 수 있다.

'일반적인 인간 움직임 기능' 동작과 운동을 접목시켜 훈련하는 프로그램이 선수의 체력에 많은 이득을 주는 것을 보여준다. 선수의 체중을 이용한 기본적이고 기능적인 동적 움직임의 수준과 신경학적 능력을 향상하고 이와 더불어 선수의 컨디션에 맞는 파워 리프팅 및 올림픽 리프팅을 실시하여야 한다.

또한 훈련 목표를 달성하기 위해 각기 다른 훈련 방법을 분별할 줄 알아야 한다. 예를 들어 역도선수의 경우 최대 중량을 들어 올리는 것이 목표이며, 보디빌더의 경우는 근 비대를 목표, 투척 선수는 폭발적인 파워를 개발하는 것이 목표이다. 이처럼 지도자는 종목별 특이성을 고려해야 하고, 안전을 최우선으로 하여 정확한 자세로 훈련할 수 있도록 지도하여야 한다. 부하는 선수의 발달 정도, 연령 등을 고려하여 실시하고 사춘기 전 어린 선수는 웨이트 트레이닝을 실시하되 중량이 아닌 웨이트 트레이닝 '기술'을 중점적으로 하는 것이 좋다. 리프트 운동 같은 경우, 지면에서 시작한다는 점이 투척 동작의 특성과 동일하며 신체의 모든 부위와 다관절을 순차적으로 사용함으로써 어린 선수의 역학적 이해도를 높일 수 있다.

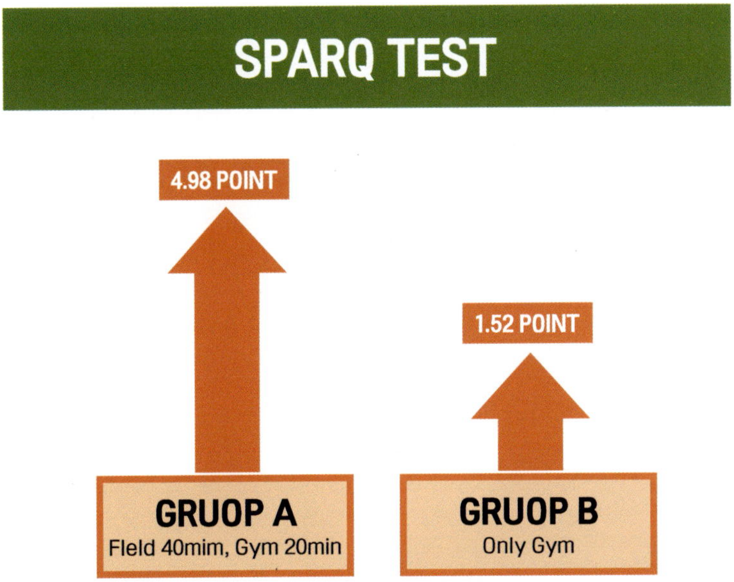

SPARQ TEST

4.98 POINT

GRUOP A
Fleld 40mim, Gym 20min

1.52 POINT

GRUOP B
Only Gym

그림35.
훈련에 따른 그룹별
SPARQ TEST결과

Part 7-4 Strength(Barbell Training)

'왜 바벨이 우선인가?' 과거와 마찬가지로 현재에도 트레이닝 방법에 따라 도구를 이용하여 점진적인 저항 훈련을 통해 신체 및 기술을 발달시키고자 한다. 바벨은 1.2m에서 2.2m의 긴 샤프트로 그립 잡는 위치에 널링이 위치한다. 바벨 양쪽에 회전이 되는 굵은 슬리브로 이루어져 웨이트 플레이드를 추가하면서 무게를 증가시킬 수 있다.

지도자는 가장 효율적인 훈련 종목을 선택해야 한다. 왜 웨이트 트레이닝 및 근력 훈련에 바벨을 우선적으로 생각해야 하는지, 네 가지로 설명할 수 있다.

1. Most Muscle

첫째로, 바벨 훈련을 하면 다른 머신 훈련보다 더 많은 근육이 동원된다. 이 사실은 대부분의 지도자나 선수는 부정하지 않을 것이다. 간단하게 바벨을 이용하여 스쿼트를 하는 것과 레그 익스텐션을 비교하였을 때, 대부분 바벨을 이용한 스쿼트의 손을 들어줄 것이다.

2. Most Weight

둘째로, 더 많은 무게를 적용할 수 있다. 우리는 강해지려고 하는 공통적인 목표가 있다. 강해질수록 목표는 상승하고 더 많은 저항이 필요하다. 하지만 머신이나 다른 소도구의 훈련은 바벨을 따라올 수가 없다.

3. Efficient ROM(Range of Motion)

셋째로, 가장 효과적인 ROM(Range of Motion), 즉 관절 가동범위로 운동할 수 있다. 머신은 제한적이지만 바벨은 그렇지 않다. 선수는 인종적, 선천적, 환경에 따른 조건 등에 따라 신체 특성이 모두 다르다. 머신의 경우 신체 조건에 따라 어느 정도의 조건을 조정할 수는 있지만 한계가 있다.

4. Various Applications

넷째로, 다양한 훈련에 적용할 수 있다. 바벨 하나의 도구로 스쿼트, 프레스, 런지, 파워클린, 스내치, 종목별 특이적 스트렝스 훈련 등 셀 수 없을 정도의 훈련을 할 수가 있다. 이러한 이유로 누구도 뛰어난 가성비에 반대할 수 없을 것이다.

Part 7

Part 7-5 3대 웨이트 트레이닝

1. 스쿼트(Squat)

 스쿼트는 많은 사람이 알고 있는 바와 같이 다른 웨이트 트레이닝에 비해 중요하다는 사실은 변하지 않는다. 힙 드라이브(Hip Drive)로 알려진 복잡한 동작을 훈련하는 종목 중 하나이다. 고관절을 접었다 폈다 하는 힙 드라이브(Hip drive)로 인해 후면사슬(몸 후면의 근육이 사슬처럼 엮여있는 형태)의 근육이 능동적으로 관여하여 발달한다. 대둔근, 내전근, 햄스트링 등과 같은 후면사슬의 근육은 선수가 주로 사용하는 점프, 밀기 등 하체가 쓰이는 모든 동작에 관여하는데, 이를 발달시키기 가장 좋은 방법의 하나가 로우바 스쿼트이다.

그림 36.
High Bar Squat와 Low Bar Squat

바벨을 후면 삼각근에 붙이는 로우바 스쿼트는 더 많은 근육을 동원하는 장점이 있다. 후면사슬에 해당하는 근육들에 부하를 주어 그로 인해 더 많은 근육이 발달한다. 올바른 자세와 깊이는 중추신경을 활성화하고 균형감각과 협응력 향상, 대퇴사두근과 햄스트링의 균형을 통하여 골격계에 부하를 주어 골밀도를 높이고 근력 향상 뿐만 아니라 정신력까지 강하게 만들어 준다는 장점이 있다. 올바른 스쿼트 하단 자세는 대퇴사두근에 의해 발생한 힘과 햄스트링이 뒤쪽의 힘과 균형을 이루어지고 강해진 햄스트링은 무릎의 안정화와 •ACL, •PCL을 보호한다. 부분 스쿼트의 경우 대퇴사두근을 압도적으로 사용하기 때문에 균형이 깨진다. 또한 강력한 근육 중 하나인 대둔근을 사용하기 때문에 고중량을 들 수 있다. 단점으로는 하이바 스쿼트에 비해 대퇴사두근 개입이 적어 발달이 저조하고, 컨벤셔널 데드리프트나 굿모닝과 같은 자세이기 때문에 이중 훈련이 될 수 있다.

•ACL:
(Anterior Cruciate Ligament):
전방십자인대

•PCL:
(Posterior Cruciate Ligament)
후방십자인대

바벨을 승모근 위에 견착하는 하이바의 경우, 대퇴사두근의 더 많은 개입으로 더 유용한 발달을 줄 수 있으며, 로우바 스쿼트에 비해 허리에 큰 부담을 주지 않고 균형을 잡기가 더 쉽다. 또한 발목 유연성이 좋은 선수에게 유리하다.

투척 선수에게 로우바 스쿼트가 하이바 스쿼트보다 좋다고 단정지어 말할 수는 없다. 그 이유는 하이바 스쿼트의 장점과 클린과 스내치와 같은 올림픽 리프팅의 훈련 비중을 알고 있고, 훈련 시 올바른 자세를 유지하기 위해 몸에 붙일 때, 어깨의 가동성과 바벨 위치에 따른 균형 감각을 모든 선수가 가지고 있지는 않다. 고중량과 올바르지 않은 자세는 부상의 위험성을 동반하기 때문이다. 필자는 로우바 스쿼트에 대해 조금이나마 장단점과 원리에 대해 이해하고 훈련에 활용했으면 하는 바람이다.

1 중력(Gravity) - 우리가 들어 올리는 바벨에 무게를 제공하는 것은 중력이다. 중력에 의해 지구 표면과 평행한 면을 일컫는 수평면의 모든 물체는 직각 방향으로 떨어진다. 이러한 물체의 낙하 경로를 수직 경로라고 한다. 선수가 바벨이나 도구를 들어 올릴 때 가장 효율적인 것은 이 수직 경로로 들어 올리는 것이다. 이 경로는 들어 올릴 때 시작되는 점부터 끝내는 시점까지의 최단 거리를 의미하며, 쓸데없이 에너지의 낭비가 이루어지지 않도록 해준다.

2 미드풋(Mid-Foot) - 바벨을 중력의 방향과 반대되는 수직적 방향으로 움직여야 할 때, 이때 무게 중심은 미드풋에 유지한다. 바벨과 미드풋은 수직 관계를 유지하면서 몸과 하나가 되어 리프팅 할 때 가장 효과적인 동선을 나타낼 수 있다. 바벨의 위치에 따라 하이 스쿼트(High Squat), 로우 스쿼트(Low Squat), 프론트 스쿼트(Front Squat). 발의 스탠스(Stance)에 따른 네로우(Narrow), 와이드(Wide) 등 어떤 스쿼트든 미드풋에서 수직으로 움직여야 한다.

3 호흡(Breathing) - 일반적으로 저중량 단관절 웨이트 트레이닝 시에 일반적인 호흡법은 근육이 수축할 때 숨을 내쉬고, 근육이 이완할 때는 숨을 들이마신다. 예를 들어 벤치 프레스 훈련 시 바벨을 내릴 때 숨을 들이마시고, 바벨을 들어 올릴 때 숨을 내쉰다. 스쿼트, 프레스, 데드리프트 등 고중량 다관절 웨이트 트레이닝 시에는 발살바 호흡법(Valsalva Maneuver)을 사용한다. 이 호흡법은 이탈리아의

해부학자 안토니오 마리아 발살바(Antonio Maria Valsalva)에 의해 1700년대에 고안한 체내 음압 조절법의 한 종류이다. 고중량 웨이트 트레이닝 시 숨을 들이마시고 후두를 막고 숨을 참아 복강과 흉강의 내부 압력을 상승시킨다. 내부의 압력이 증가하여 인체가 좀 더 강한 힘을 발휘하고, 부상에 대해 예방할 수 있도록 강한 지지대를 만들어 주는 호흡법이다. 그러나 많은 전문가가 발살바 호흡법(Valsalva Maneuver)에 대해 뇌졸중 같은 뇌혈관 손상을 주의하라고 경고한다. 고혈압과 같은 뇌혈관계 질환이 있는 사람의 경우 위험 요소가 있지만, 『스타트 스트렝스』의 저자인 마크 리피토(Mark Rippetoe)에 의하면, 훈련 시 뇌혈관질환으로 부상을 입거나 사망한 보고가 거의 없다고 하였으며, 선수 생활을 한 필자 또한 발살바 호흡법이 가진 이득이 훨씬 크다고 생각한다.

2. 프레스(Press)와 벤치 프레스(Bench Press)

프레스의 경우 자리에 선 채 머리 위로 바벨을 들어 올리는 운동으로써 보디빌딩이 본격적으로 시작되기 전에 상체 근력을 테스트하는 척도가 되는 운동이었다. 프레스 종목의 쇠퇴는 1950년쯤 보디빌딩 심사에서 가슴근육인 대흉근의 심사가 유행하면서 파워 리프팅 경기 종목인 벤치 프레스가 보디빌더에게 인기를 얻으면서 시작되었다. 프레스의 효과를 경험하지 못한 많은 리프터는 벤치 프레스에 빠졌고 스트렝스의 초석인 프레스의 중요성이 서서히 잊혀 갔다. 또한 1972년 뮌헨 올림픽대회에서 오버헤드 프레스의 원형이 되는 추상(Clean & Press)이라는 종목이 사라지게 되었고 현재는 인상(Snatch)과 용상(Clean & Jerk)이라는 두 종목만 실행되고 있다. 그 이유는 판정의

Part 7

그림 37.
벤치프레스
(Bench Press)와
프레스(Press)

어려움 때문이었다. 하체의 반동을 이용하여 중량을 들 수 있는 저크(Jerk)와 몸을 뒤로 기울이는 레이백(Layback)에 대해 심판들이 판정을 내리기에 어렵다는 이유이다.

프레스의 종류에는 시티드 프레스(Seated Press), 푸시 프레스(Push Press), 벤치 프레스(Bench Press), 밀리터리 프레스(Military Press), 비하인드 넥 프레스(B.N Press), 덤벨 프레스(Dumbbell Press) 등이 있다.

❖ Seated Press – 앉아서 하는 프레스

❖ Dumbbell Press – 덤벨을 이용한 프레스

❖ Bench Press – 벤치에 누워 수행하는 프레스

❖ Military Press – 군인처럼 엄격하게 각을 잡고 실시하는 프레스
　　　　　　　(바벨을 올릴 때 고관절이나 등을 전혀 굽히지 않고 실시)
❖ B.N(Behind Neck) Press – 머리 뒤로 실시하는 프레스

❖ Push Press – 바벨을 올릴 때 무릎의 굽힘과 펴는 힘으로 보조받는 프레스

　프레스를 최고의 상체운동으로 꼽는 이유는 다양하지만, 단순한 상체운동에 그치지 않는다는 점이다. 전신을 운동 사슬로 사용하고 모든 운동에 유용하며 국한된 부위가 아닌 몸통 근육 발달뿐만 아니라 균형감각 증가 등 다양한 운동 효과를 얻을 수 있다. 또한 상체운동 중 중추신경계를 가장 많이 사용하는 운동이다. 프레스보다 많은 무게를 들 수 있는 벤치 프레스의 경우 상체에 국한된 운동이며 프레스보다 근육 발달의 한계가 있다.

　우리 몸은 근육과 관절이 유기적으로 연결되어 있어 서로에게 영향을 주는 근골격계 요소들은 연계 관계를 가지고 있다. 움직임에 있어 고정된 지지면과 움직이는 물체 사이에서 힘을 생성하고 전달하는 근골격계 요소를 운동 사슬(Kinetic Chain)이라고 한다. 벤치 프레스는 벤치에 누워 실행하기 때문에 등 상부가 맞닿은 벤치에서 시작해 바벨을 잡은 손에서 끝나는 반면, 프레스 같은 경우 지지면인 땅에서 시작해 바벨을 잡은 손에서 끝난다. 어깨, 위 가슴, 팔을 이용하여 바벨을 머리 위로 올릴 때 다리, 복근, 등, 어깨 팔 등의 근육이 모두 프레스에 사용되는 등 몸 전체를 사용하며, 우리 몸이 만들 수 있는 운동 사슬 중 가장 긴 것에 해당한다.

효율적인 그립은 손바닥의 생명선이 바벨과 같은 방향에 있게 하고 너비는 양어깨 바깥쪽의 너비에 맞게 잡도록 한다. 전완이 바벨의 무게를 지탱하게 하고 손목의 과신전이나 과굴절에 대해서는 주의하도록 한다. 발의 스탠스는 어깨너비 정도로 하고 발끝은 스쿼트와 마찬가지로 바깥쪽으로 돌린다. 바벨을 들고 가슴의 방향을 위로하여 프레스 할 준비를 하게 되면 프레스 할 준비 자세가 끝난다. 옆에서 봤을 때, 전완의 요골과 척골이 수직선 위에 있어야 하며, 어깨는 위쪽으로 약간 올라오도록 체스트업을 해 팔꿈치가 바벨보다 약간 앞으로 나오게 한다. 신체 구조상 전완의 길이가 다 다르기 때문에 바벨이 쇄골에 위치하는 사람, 떠있는 사람이 있을 텐데 그것에 대해 신경 쓰지 않도록 한다.

준비 자세는 발살바 호흡법을 기반으로 하여 견고하고 단단한 기둥을 만들어 준다. 들어 올리는 바벨의 궤적은 미드풋과 수직선 위에 있어 레버리지를 만들지 않아야 올바르고 효율적인 자세이다. 들어 올릴 때 푸시 프레스(Push Press)처럼 무릎을 굽혔다 펴는 동작이나 허리뼈를 젖혀 프레스 하는 동작은 피하고, 힙 동작을 우선적으로 하여 프레스 해야 한다.

3. 데드리프트(Deadlift)

신체를 구성하는 모든 요소는 선수의 움직임에 관여한다. 그중 중심에 해당하는 등 하부와 허리뼈는 선수의 움직임에 중요한 역할을 하며, 경기력을 좌우하는 컨디셔닝에 중요한 역할을 한다. 등 하부는 강인함과 모든 기술의 움직임에 해당하는 굽힘, 폄, 회전, 배면에서 굴곡

그림 38.
데드리프트(Deadlift)

을 만드는 움직임을 가능하게 하며, 운동 사슬에 의해 생성된 파워 전달과 안전에 대한 중요한 역할을 하는 부위다. 데드리프트(Deadlift)는 지면에 놓인 바벨을 팔을 편 상태로 무릎과 고관절, 어깨가 락아웃(Lockout) 될 때까지 들어 올리는 단순한 운동이다. 하지만 등 부위, 엉덩이, 강한 하체 등의 후면사슬을 키우는 운동 중 최고라고 할 수 있다. 보통 바에 플레이트를 추가하여 실시하지만 고정된 바벨, 트랩바, 덤벨 등으로도 수행할 수 있고, 스쿼트(Squat)와 클린(Clean)을 위한 중요한 보조운동으로써 효과가 크다.

데드리프트(Deadlift)는 스탠스와 바벨 위치 및 그립에 따라 여러 종류가 있다. 데드리프트 종류에는 컨벤셔널 데드리프트(Conventional Deadlift), 루마니안 데드리프트(Romanian Deadlift), 스티프 데드리프트(Stiff Deadlift), 스모 데드리프트(Sumo Deadlift) 등을 들 수 있다.

❖ 컨벤셔널 데드리프트(Conventional Deadlift)

컨벤셔널 데드리프트는 가장 기본이 되는 데드리프트 형태이며, 로우바 스쿼트, 굿모닝과 같은 자세이다. 바벨을 땅에서 들어 올리는 방식으로 하체, 등, 코어 등이 골고루 사용됨.

❖ 루마니안 데드리프트(Romanian Deadlift)

켄벤셔널 데드리프트와 다르게 락아웃 상태에서 시작하며 바벨을 슬개골 밑까지 내렸다가 들어 올리는 형태로 동작의 순서를 반대로 한다. 등과 코어가 더 많이 개입함. 루마니아의 전설적인 역도선수 니쿠 블라드의 훈련 방법에서 파생됨.

❖ 스티프 데드리프트(Stiff Deadlift)
　루마니안 데드리프트처럼 락아웃 상태에서 시작하며, 바벨을 내릴 때 다리를 굽히지 않고 내리는 형태임. 햄스트링과 대둔근에 자극을 주며, 햄스트링의 유연성 개선에 좋음.

❖ 스모 데드리프트(Sumo Deadlift)

　일본의 전통 스포츠 스모의 동작과 매우 흡사한 자세로 컨벤셔널 데드리프트와 마찬가지로 바닥에 바벨을 놓은 상태에서 다른 데드리프트의 그립 방식과 다르게 양손 그립을 스탠스 안쪽에 위치 시켜 와이드한 스탠스를 가짐. 리프트의 거리가 짧아 더 많은 중량을 들어 올릴 수 있음.

　데드리프트(Deadlift)의 스탠스는 20~30cm의 발뒤꿈치 간격으로 두며, 바벨의 효율적인 수직적 궤적이 되도록 미드풋 위에 바벨 위치를 잡고 발을 각도는 10~30°로 한다. 그립은 다리 바깥쪽에 있어야 하고 더블 오버핸드 그립(Double Overhand Grip)이나 혹 그립(Hook Grip)으로 잡으며 널링에서 1.5cm 바깥쪽으로 잡는다. 이때 얼터네이트(Alternate Grip)와 믹스드(Mixed Grip)라고 불리는 손을 엇갈려서 잡는 그립은 무거운 중량을 들 수 있게 도와주지만, 바벨의 궤적 이탈과 이두의 부상, 승모근의 불균형을 유발할 수 있기 때문에 빈도를 줄여야 한다. 바벨을 정강이에 고정하고 무릎을 구부린다.

대퇴골과 무릎이 발끝과 같은 방향인지 확인한 후 엉덩이가 내려가지 않게 주의한다. 등 상부 근육을 이용해 골반까지의 척추 신전 운동으로 흉곽을 밀어내 팔 사이에 가슴이 들어가게 하는 체스트업을 한다. 이로 인해 엉덩이를 낮추지 않고도 데드리프트를 할 수 있는 올바른 등의 자세를 갖출 수 있다.

시선은 3m 정도 멀리 바닥에 고정하고, 광배근과 상완골의 각도가 90°를 유지하여 최고의 효율을 갖도록 해야 한다. 올바른 후면 각을 유지하면서 미드풋으로 바닥을 민다는 느낌으로 들어 올리며, 등이 조여지거나 뒤로 기울이면 안 되고 락아웃 때까지 바벨은 다리에서 떨어지지 않는다. 바벨의 수직적인 궤적을 만드는 것이 데드리프트의 올바른 자세이며 이때 광배근, 대원근, 삼두근은 바의 수식적인 궤적을 만들기 위해 작용한다.

데드리프트 훈련 시 자주 하는 실수들에는 들어 올리는 동작에서 반동을 이용하는 방법, 바벨의 비정상인 궤적, 허리뼈의 과신전, 팔 굽힘, 비정상적인 락아웃 자세, 시선 처리 등을 들 수 있다.

Part 7-6 웨이트 트레이닝 세트법

1. 드롭 세트(Drop Set)

드롭 세트는 떨어뜨린다는 의미로 역피라미드 세트와 비슷하다. 근 성장에 있어 아주 효과적인 방법으로 핵심은 '실패 지점'에 다다를 때까지 '반복'해서 실시하는 것이다. 한 세트에서 실패 지점까지 도달했을 때 무게를 낮춰 다시 실패 지점까지 반복하는 방법이다.

2. 피라미드 세트(Pyramid Set) & 역피라미드 세트(Reverse Pyramid Set)

피라미드 세트는 어센딩 세트(Ascending Set)라고도 하며, 운동 형태에 따라 중량과 횟수를 표시할 때 나오는 피라미드 모양 때문에 이름 지어진 훈련법이다. 피라미드는 장기적인 근 성장과 근 비대를 위해 사용되며 점진적으로 무게를 늘리면서 반복 횟수를 줄이는 방식이다. 일반적으로 첫 세트를 저중량 고반복, 마지막 세트를 고중량 저반복으로 끝내는 훈련법으로 저반복일 때 4~6회, 고반복일 때 12~15회를 한다. 훈련의 중량은 선수 개개인의 최대 근력에 따라 정한다.

역피라미드 세트(Reverse Pyramid Set)의 경우 위 훈련법을 반대로 실시하며, 디센딩 세트(Descending Set)라고도 한다. 가장 적게 쓰이는 방법인데, 위험도가 높기 때문이다.

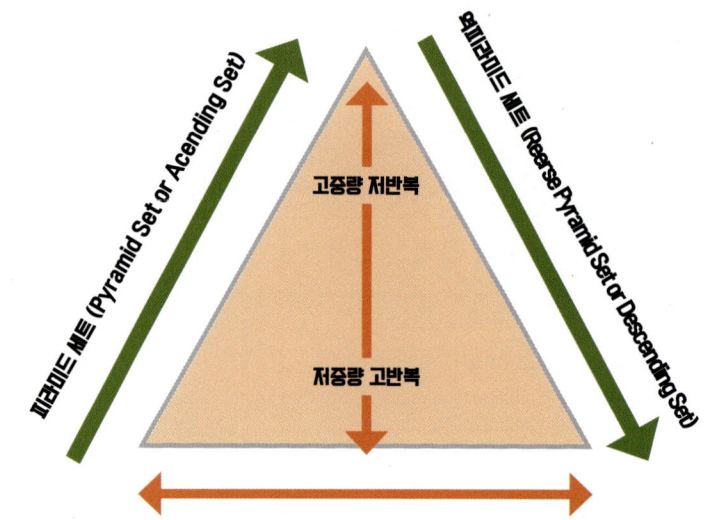

그림 39.
피라미드 &
역피라미드 세트

3. 슈퍼 세트(Super Set)

슈퍼 세트는 주로 운동시간이 부족하고 강한 펌핑을 원하는 사람들이 많이 선호한다. 길항근과 주동근의 운동을 묶어서 두 근육의 운동을 한 세트로 실시하며, 휴식 없이 연속적으로 실시한다. 예를 들어 미는 동작인 벤치 프레스를 하고 휴식 없이 당기는 동작인 바벨로우를 하는 방식이다.

4. 컴파운드 세트(Compound Set)

컴파운드 세트는 슈퍼 세트와 다르게 동일한 부위를 다른 방식의 두 가지 운동으로 하여 진행하며 한 세트로 묶어 실시한다. 이때 휴식 없이 실시한다. 예를 들어 등 운동인 바벨 로우를 실시한 후, 휴식 없이 시티드 로우를 실시하는 방식이다. 고강도 훈련으로 정체기에 접어든 선수에게 훈련에 있어 강도와 시간, 형태의 새로운 자극을 전달해 준다.

5. 트라이 세트(Tri Set)

이 훈련법은 동일한 근육 그룹에 대해 세 가지 운동을 휴식 없이 연속적으로 실시하는 훈련법으로써 자이언트 세트와 비슷한 방법이다. 예를 들어 삼각근을 훈련할 때 밀리터리 프레스, 덤벨 레터럴 레이즈, 벤트 오버 레터럴 레이즈를 휴식 없이 실시하는 운동이다.

6. 자이언트 세트(Giant Set)

자이언트 세트는 동일한 근육 그룹에 대해 4가지 이상의 종목을 한 세트로 구성하여 실시하는 고강도 운동이다. 여러 운동을 병행해 최고의 펌핑감을 느낄 수 있으며 더 많은 운동 단위에 대해 자극을 줄 수 있다. 예를 들어 하체 훈련 시 스쿼트, 레그컬, 워킹 런지, 레그 익스텐션, 칼프 레이즈 훈련을 한 세트로 훈련하는 것이다.

Part 7-7 플라이오메트릭(Plyometric)

투척 선수에게 있어 퍼포먼스 향상을 위한 파워 훈련은 핵심적이다.

1950년대 유리 베르코샨스키(Yuri Verkhoshansky) 박사는 수직 낙하한 후 즉시 점프하는 형태의 'Shock Method' 훈련법을 개발하였고, 이후 'Shock Method' 훈련법을 경험한 미국 서부지역 트랙 코치인 프레드 윌트(Fred Wilt)에 의해 이후 'Plyometric' 단어로 불리기 시작했다. 투척의 모든 종목에서 일어나는 움직임의 형태는 반복적인 신장(Eccentric)과 단축(Concentric) 사이클의 연속이다. 동심성 수축을 만들어 내고 던지기에 이용할 힘이나 가속력을 선수가 원하는 방향으로 전달하기 위해 신장(Eccentric)과 단축(Concentric) 사이클은 신경계가 빠르게 반응하는 것이 필요하다. 투척 선수에게 궁극적인 목표는 기구를 멀리 던지는 것이고 이를 위해서는 최적의 힘과 최고의 속도, 올바른 방향으로 최단 시간 내에 실시해야 한다.

플라이오메트릭(Plyometric) 트레이닝의 효과는 힘의 발전 속도의 향상으로 인한 폭발력 증가, 탄성에너지를 활용할 수 있는 능력 향상으로 인한 운동에너지 증가, 힘의 전달력 향상으로 인해 에너지 손실 최소화, 여러 종류의 높이, 스피드, 무게, 방향성 등 점진적 훈련을 통해 적응과 발전을 통한 부상 방지를 들 수 있다.

이에 플라이오메트릭 트레이닝은 선수의 근력, 파워, 점프력, 민첩성, 스프린트 능력, 근 신경 반응, 코어 등을 향상하는 트레이닝이다. 이는 선수의 '경기력 향상 및 부상 방지'라는 결과를 가져다준다.

우선 플라이오메트릭 트레이닝 몇 가지 핵심 요소를 설명하기 전에 훈련 용어를 정리할 필요가 있다. 투척 훈련 현장에서 지도하면서 점프, 홉, 바운드, 스킵에 대한 용어의 정의를 잘 모르고 사용할 때가 있다. 통합적으로 '점프'라는 포괄적인 용어를 많이 사용하며, 한발로 점프, 두발로 점프, 번갈아 가며 점프 등의 용어를 사용한다. 필자 또한 지도자를 처음 시작했을 때, 학생들에게 바운드와 홉을 헷갈려 잘못 사용 한 적도 있다. 한글에 대하여 어떠한 편견이 있는 것이 아니라, 훈련 종목에 대한 정확한 명칭이 있으면 상관없지만 지역, 지도자 등에 따라 같은 동작도 다르게 부르는 경우가 있다. 이러한 잘못된 용어 사용으로 인해 잘못된 정보를 제공하거나 얻을 수 있으며, 지도자와 선수 간 소통에 있어 걸림돌이 될 수도 있기 때문이다.

❖ 바운드(Bound) - 한 발로 도약하여 반대쪽 발로 착지하는 방법

❖ 홉(Hop) - 한 발로 도약하여 같은 발로 착지하는 방법

❖ 점프(Jump) - 두 발로 도약하여 두 발로 착지하는 방법

❖ 스킵(Skip) - 두발로 지면에 접촉한 상태에서 한 발로 도약하는 방법

플라이오메트릭 트레이닝의 핵심 요소는 다음과 같다.

첫째로, 신전 단축 사이클(Stretch-Shortening Cycle)이다. 앞서 말했듯이 투척 선수는 기구를 멀리 던지기 위해 최적의 힘과 최고의 속도로 최단 시간 내에 던지기가 이루어져야 한다. 다시 말해 플라이오메트릭 트레이닝의 핵심적인 포인트는 지면 접촉 시간을 최대한 짧게 유지해 줘야 극대화된 효과를 얻을 수 있다. 플라이오메트릭 트레이닝은 선수가 지면에서 보내는 시간을 감소시키는 것을 원하며, 신장(Eccentric)과 단축(Concentric) 사이클을 최단 시간으로 줄이기 위해 노력하고 지면에 적극적으로 반응하는 것을 훈련해야 한다.

둘째로, 강도(Intensity)이다. 플라이오메트릭 트레이닝이 선수의 전방십자인대(ACL) 부상 예방에 대해 교육을 하고 트레이닝도 하지만 반대로 이런 플라이오메트릭 훈련 시 전방십자인대(ACL) 부상을 초래하기도 한다. 메디신 볼 트레이닝 시, 볼의 중량을 조절하는 것이 가능하지만 플라이오메트릭 트레이닝의 경우 자신의 훈련에 중량을 조절하기는 한계가 있다. 대부분 체중과 중력을 저항으로 하는 반복된 점프 동작으로 구성되어 있어 웨이트 조끼(Weight Vest) 같은 외부적 중량 증가나 점프의 높이에 따른 중력 기어도 증가를 조절하여야 한다. 또한 방향성에 따라 선형적인(Linear) 기술, 측면적인(Lateral) 기술, 복합적인(Combination) 기술로 나누어 기술적 강도를 조절하고 바운드, 홉, 점프, 스킵 등에 따라 선수의 상태나 컨디션 등에 따라 적용할 수 있다.

셋째로, 점프 볼륨(Jump Volume)과 빈도(Frequency)이다. 볼

럼은 운동량을 나타내는 지표이다. 선수가 실행한 운동은 객관적인 지표로 수치화될 수 있어야 한다. 도허티(Doherty)는 1980년 플라이오메트릭은 1주일에 2회가 최적 빈도이며 무리하면 다리 부위의 근육, 인대, 요부, 발목관절 등에 무리를 가져오고, 심하면 상해의 위험성도 증가하여 초심자나 어린 선수는 수개월간의 근력 트레이닝 후에 실시해야 하며, 아울러 주요 시합 10~14일 전에는 중지해야 한다고 보고하였다. 관련 서적을 보면 8~12주 정도의 훈련 프로그램을 주장하거나 볼 수 있는데, 가장 이상적인 훈련의 빈도에 대해서는 미흡한 실정이다. 지도자는 선수의 능력과 컨디션을 파악하고 적절한 프로그램을 실시해야 할 것이다.

Part 7

Part 7-8 메디신 볼(Medicine Ball) VS 월 볼(Wall Ball)

메디신 볼은 가장 오래된 저항 트레이닝 도구 중 하나이며, 3000년 전 고대 그리스와 이집트에서 사용하기 시작했다. '메디신 볼'이라는 이름은 발명 초기에 의사들이 재활 과정에 이용하면서 사용하기 시작했다고 한다. 독일 육군체조학교의 지도관 H. 수렌에 의하여 공을 머리 위에서 돌리거나, 양쪽 나리 사이로 패스하여 보내는 방식으로 훈련하면서 자연히 몸을 앞뒤로 굽혔다 폈다 하는 운동이 되고, 이것이 의학적인 효과가 크다고 하여 메디신(Medicine)이라고 이름이 붙여지게 되었다. 지난 수백 년간 메디신 볼은 전신운동, 기능훈련, 코어 등 체력의 발달을 위한 몇 가지 도구 중 하나로 인식되고 있다.

메디신 볼의 장점은 다양한 종목에서 날씨나 기온 같은 훈련의 제한적인 환경에 많은 구애를 받지 않고 다양한 형태의 훈련을 할 수 있다. 또한 의학적 용도로 개발돼 부상의 위험이 적고, 고립된 근육의 발달로 불균형을 초래하지 않는 균형 잡힌 몸을 만드는 데 도움을 준다. 또한 덤벨, 바벨, 케틀벨과는 달리 던지기 동작이 가능하다. 던지는 과정에서 자극이 되는 부분은 여러 근육이 동원되며, 특히 투척 종목의 던지기 자세를 모방하여 실시하기 좋다.

메디신 볼은 초보자나 숙련자, 남녀노소 관계없이 각종 운동 프로그램에 사용할 수 있으며, 근력, 근지구력, 파워 향상, 경우에 따라 부상 후 재활치료에 사용되기도 한다.

메디신 볼은 공기가 채워져 있으며 다양한 무게를 제공하는 강하고 두꺼운 고무공으로 되어 있다. 크기는 다양하지만 월 볼보다는 작고 농구공과 비슷한 모양을 가지고 있다. 메디신 볼의 경우 무겁지만 약간의 바운스를 제공해 준다. 메디신 볼 훈련 시 보통 벽을 이용하거나 파트너끼리 훈련을 실시하는데 크기가 작아 강한 그립으로 훈련할 수 있다. 또한 바운스를 제공하여 벽에서 훈련할 때 빠르게 반복적인 훈련을 할 수 있다. 하지만 슬램(Slam)종류의 지면에 강하게 던지는 훈련의 경우 공의 바운스로 인해 손가락, 얼굴 부상 등의 위험 요소가 있으므로 주의해야 한다. 또한 고무로 구성된 볼의 경우 변형이 생기지 않지만, 볼의 갈라짐이 생길 수 있다.

월 볼의 경우 외부 마감은 PVC 소재나 폴리에스테르 섬유로 되어 있어 운동 중 땀이 묻어도 쉽게 닦을 수 있으며, 내부에는 고탄력 실크와 EPDM(고무칩)으로 채워져 있어 메디신 볼보다 충격을 더 잘 흡수하고 적당한 바운스와 우수한 무게 균형을 제공한다.

월 볼은 메디신 볼에 비해 크기는 크고 상대적으로 무게는 적게 구성(4kg에서 12kg 사이)되어 있다. 월 볼은 빠르고 강력한 던지기를 수행함으로써 파워를 증가하는 데 효과적인 도구이다. 직경이 커서 벽을 이용해 빠르고 강하게 던질 때 더 수월하며, 벽이나 파트너와 훈련할 때 상대방이 던진 볼이나 벽에서 튕겨져 나온 볼을 받을 때 월 볼의 소재와 크기 때문에 손의 통증이 적다. 월 볼의 단점은 외부 마감 소재로 슬램이나 강한 충격에 섬유의 매듭 부분이 터지거나 갈리지는 경우가 있다는 점이다.

　메디신 볼과 월 볼의 장단점은 있으나 어떤 볼이 더 우수하다고 확정할 수는 없다. 볼의 본질은 전신운동, 기능훈련, 코어 등 체력의 발달을 위한 몇 가지 도구 중 하나이며, 크기, 무게, 재질 등을 이용한 다양한 훈련을 위해 만들어졌다. 지도자와 선수의 훈련 목적과 볼의 특정 기능에 맞게 훈련하는 것이 중요하다. 메디신 볼 훈련의 경우 많은 지도자와 선수가 종목 특성에 맞게 훈련을 하고, 기구의 특성을 이해하고 있으나 월 볼의 개념과 훈련방식은 아직 생소하여 월 볼 훈련의 명칭과 종목 특성에 맞게 9종목의 훈련법으로 소개하려고 한다. <표 3>과 같이 명칭을 정형화시킴으로써, 지도자가 지도할 때 정확한 지시를 할 수 있고 선수와 훈련 중 소통이 원활할 수 있다.

　또한 종목 특성에 맞는 다양한 훈련으로 분류하여 9가지 훈련법으로 정하였으나, 지도자의 지도 방법에 따라 선수 특성을 고려한 방법을 추가 또는 변형하여 훈련할 수도 있다. 초보자 및 운동을 시작하는 선수에게 초점을 맞추어 훈련 시 지루하지 않게 다양한 동작으로 훈련함으로써 경기력 향상과 더불어 동기부여와 재미를 줄 것을 목표로 한다.

　GPP(일반준비단계)와 SPP(특정준비단계)에서 시즌의 훈련량과 기구 무게를 조절하여 활용할 수 있으며, 부상을 방지하고 더불어 경기력 향상에 도움이 되도록 활용할 수 있다. 또한 다양한 훈련으로 자칫 한 부위에만 치우칠 수 있는 편협한 훈련을 방지할 수 있으며, 여러 신체 부위를 강화하고, 실내와 실외 모두 사용할 수 있는 장점이 있어 훌륭한 도구이다.

Wall Ball Training
1. Pullover Crunch
2. Chest Toss
3. Overhead Throw
4. Side Toss
5. Half Kneeling Rotational Throw
6. Sit-up and Throw
7. Leg Toss
8. Shot
9. Slam

표 3.
Wall Ball Training

Part 7

1. Wall Ball Training

1 Pullover Crunch

　대흉근을 중점적으로 발달시키고 길항관계인 광배근, 상완삼두근, 전거근 등 여러 근육이 동원되는 상체 강화훈련의 Pullover 동작과 코어를 강화하는 Crunch 동작을 결합한 훈련이다. 다리는 지면 방향으로 떨어지지 않도록 유지하면서 월 볼을 두 다리의 정강이 위에 올려 놓고 다시 잡아 내리는 동작을 반복하는 훈련이다.

그림 40.
Pullover Crunch

2 Chest Toss

　월 볼을 두 손으로 들고 벽을 향하여 토스한다. 팔을 뻗어 받는 동작을 연속 시행한다. 벽과의 공간을 충분히 확보해야 손가락 부상을 방지할 수 있다. 이 훈련 또한 대흉근, 상완삼두근, 전완근 등 상체를 강화할 수 있는 훈련 중 하나로써 농구의 체스트 패스와 같이 벽으로 강하게 던지는 훈련이다. 벽에 의해 바운딩된 볼은 잡고 바로 던짐으로써 상체의 플라이오메트릭 효과도 얻을 수 있다.

그림 41.
Chest Toss

③ Overhead Throw

　코어, 광배근, 어깨 등 상체 강화훈련으로 폭발적인 힘을 키우는데 효과적인 훈련법이다. 월 볼을 머리 위로 들고 벽으로 강하고 빠르게 던진다. 이 훈련은 메디신 볼을 이용해 멀리 던지는 것이 아니라 벽을 이용하여 강하고 빠르게 던지는 반복 훈련법으로 플라이오메트릭 운동개념으로 접근해야 한다. 많은 사람이 창던지기 선수가 많이 사용하는 훈련 방법으로 생각하지만, 체스트업(Chest Up)된 상태에서 프레스와 같은 전신 훈련의 효과를 줄 수 있으므로 모든 종목에 적용할 수 있다.

그림 42.
Overhead Throw

④ Side Toss

　　Side Toss의 경우 선수의 몸통의 토크(Torque)를 개발하는데 최고의 훈련이다. 월 볼을 들고 벽 앞에 선다. 다리는 앞뒤로 어깨너비만큼 벌리고, 엉덩이와 무릎을 구부리고 코어는 고정한다. 다리는 움직이지 않은 채 벽을 향해 강하게 회전하면서 던진다. 벽에서 튕겨 나오는 볼을 잡고 연속적으로 실행한다. 이때 팔이 아닌 엉덩이와 몸통을 이용하여 실행한다.

그림 43.
Side Toss

5️⃣ Half Kneeling Rotational Throw

 이 훈련은 물리치료사 그레이 쿡의 관절을 제거하는 아이디어에서 시작해 대중화되었다. 한쪽 다리는 무릎을 굽힌다. 팔을 편 상태로 유지하면서 발목의 효과를 뺀 엉덩이의 회전을 강조하는 훈련이다. 이는 선수의 둔부를 더욱 집중적으로 사용하게 된다.

그림 44.
Half Kneeling Rotational Throw

6️⃣ Sit up and Throw

 벽 앞에 누워 등을 바닥에 대고 윗몸일으키기 자세를 만든다. 월 볼을 가슴에 대고 윗몸일으키기를 하면서 벽으로 월 볼을 강하게 던진다. 벽에서 튕겨 나오는 볼을 잡고 연속적으로 실행한다. 코어와 상체를 복합적으로 강화할 수 있다.

Part 7

그림 45.
Sit-up and Throw

7 Leg Toss

벽 앞에 서서 다리 사이에 월 볼을 끼어 두고 점프와 동시에 다리를 들어 올려 월 볼을 벽으로 던지는 훈련이다. 월 볼을 높게 던지면서 동시에 점프하는데, 이때 다리를 높게 들어 올리는 동작을 한다. 하체와 코어를 사용하면서 균형과 민첩성, 파워를 증가시키는 데 도움이 된다.

그림 46.
Leg Toss

8 Shot

어깨너비나 와이드 스탠스로 서서 월 볼을 들고 프론트 스쿼트 자세와 비슷하게 무릎보다 엉덩이가 더 내려가도록 노력한다. 엉덩이와 다리를 빠르게 신전하며 월 볼을 벽 위 목표 지점에 던진다. 공을 다시 잡은 후 반복하여 실시한다. 이 훈련은 심폐지구력 및 여러 근육과 관절들을 사용하는 전신운동으로써 협응력을 향상한다. 처음 접하는 선수에게 접근하기 쉽고 부상이 적다.

그림 47. Shot

9 Slam

슬램은 전신을 사용, 폭발적인 힘을 발휘하여 체력, 코어, 근력 및 파워를 향상해 주는 훈련이다. 자신에 맞는 무게의 월 볼을 선택한 후, 어깨너비의 스탠스로 준비 자세를 한다. 월 볼을 머리 위로 올리고 허리를 앞으로 구부리면서 코어를 사용하여 월 볼을 폭발적인 힘으로 땅을 향해 내치는 동작이다. 스탠스와 동작을 변형하거나 추가하여 레인

보우 슬램, 점프 슬램 등을 실시할 수 있다.

그림 48.
Slam

Part 7. 트레이닝

Epilogue

Epilogue

지도자로서 직업 정체성이 흔들려 힘든 시기도 있었지만 지금 돌이켜 보면 저에게는 많은 교훈과 깨달음을 주는 시간이었습니다. 배움의 끝은 없지만 배움을 주는 사람이 되고자 노력했고 그로 인해 소중한 인연들과 지도자로서의 역량을 갖게 되었습니다. 한국체육대학교 조교 시절부터 훈련시도법을 삭성하고 작은 폴더에 저장되어 있을 때 훈련에 관련된 서적을 집필하겠다고 생각하지 못했습니다. 많은 분이 도와주셔서 집필을 마무리할 수 있었으며, 부족한 부분이 많지만, 포환던지기와 원반던지기를 배우고자 하는 모든 이들에게 조금이나마 도움이 되었으면 합니다.

이 책을 완성하기까지 응원해 주고 진심 어린 격려를 보내준 영원한 동반자이자 세상에서 제일 사랑하는 최영남 님, 책의 집필 계획에 흔쾌히 동의해 준 이혜민 학생에게 먼저 고마움을 전합니다.

그리고 어린 시절 아무것도 몰랐던 저를 지도해 주신 박명배 선생님, 김봉주 선생님, 현재 하늘에 계신 故 고영대 선생님, 항상 따뜻한 조언과 격려를 아낌없이 주시는 홍순모 교수님, 지도자의 정체성이 흔들려 힘들었던 시절 같이 걱정해 주시고 올바른 길을 제시해 주신 한국체육대학교 문원재 총장님, 이영선 교수님, 경북체육고등학교 남성

관 교장선생님, 영월군청 엄재웅 감독님, 용인시청 이규백 감독님, 선수 지도에 있어 항상 응원해 주시는 지켜봐 주시는 양은영 선생님, 국가대표 후보선수 전임지도자 김순윤 선생님, 경북체육고등학교 육상부 감독 및 지도자분들께도 감사한 마음을 전하며, 지도자로서 첫걸음을 함께 해준 한국체육대학교 투척부 후배들에게도 진심 어린 미안함과 고마움을 전합니다.

모든 이에게 부와 명예와 행복이 가득하기를...

- 회전기술을 사용한 최초의 선수
- 1976년 22.00m 세계신기록 수립. 22m 장벽을 깬 최초의 선수
- 1976년 몬트리올 올림픽 동메달, 1980년 모스크바 올림픽 은메달 획득

- 1990년 23.12m 세계신기록 수립
- 32년간 세계기록 보유
- 1996년 애틀랜타 올림픽 우승

Aleksandr Baryshnikov(1948)

Randy Barnes(1966)

Brian Oldfield(1945)

- 회전기술의 대중적 기여
- 1975년 22.86m 비공식 세계기록 달성
- 1984년 22.19m 새로운 미국기록 수립

The History of Rotational Shot Put

- 회전기술로 19.87m를 던져 첫 번째 올림픽 동메달 획득

Anita Marton(1989)

Ryan Crouser(1992)

Chase Ealey(1994)

- 2022년 실외세계기록(23.37m) 수립
- 2023년 실내세계기록(23.38m) 수립
- 2021년 올림픽기록(23.30m) 수립
- 2023년 실외세계기록(23.56m) 수립
- 2016년 리우데자네이루 올림픽, 2020년 도쿄 올림픽 우승

- 2022년 세계육상선수권 금메달 획득 및 최초의 미국여성 (20.49m)
- 회전기술로 최초 세계선수권 우승

- 그의 학생들과 원반 및 던지는 기술에 대해 재발견

- Christian Georg Kohlrausch과 그의 학생들의 노력으로 1896년 근대 최초의 올림픽 종목에 포함됨

- 1990년 제2회 파리 올림픽에서 체코대표로 나와 은메달 획득

- 몸 전체를 돌면서 던지는 최초의 선수

Christian Georg Kohlrausch(1851)

Frantisek Janda-Suk(1878)

Bob Garrett(1875)

Halina Konopacka(1900)

- 1896년 최초의 근대 올림픽에서 미국대표로 나와 금메달 획득(29.15m)

- 1928년 제9회 암스테르담 올림픽에서 여성의 경기가 허용되면서 폴란드대표로 나와 우승한 최초의 여성(39.62m)

- 세계신기록 3회 갱신

The History of Discus Throw

- Wide Sweep동작으로 최초 60m■ 던져 세계신기록 수립

- 1961년(60.56m, 60.72m) 1968년(66.54m, 68.40m) 네차례 세계신기록 수립

- 1972년 뮌헨 올림픽에서 은메달

- 1986년 세계신기록 수립(74.08m). 현재까지 깨지지 않고 있음

- 1988년 서울 올림픽에서 동독대표로 나와 금메달 획득

Jay Silvester(1937)

Jurgen Schult(1960)

Mac Wilkins(1950)

Gabriele Reinsch(1963)

- 1976년 캘리포니아 산호세에서 열린 경기에서 하루에 3번의 세계신기록을 수립
  (69.80m, 70.24m, 70.86m)

- 1976년 최초로 70m 넘겨 세계신기록을 수립

- 1976년 몬트리올 올림픽에서 우승

- 1988년 세계신기록 수립(76.80m). 현재까지 깨지지 않고 있음

- Jurgen Schult의 남자 세계기록 보다 2.72m■ 더 던짐

참고문헌

위키피디아. www.wikipedia.org

국제육상경기연맹. www.iaaf.org

대한육상연맹. www.kaaf.or.kr

백형훈,정형수(2001). 육상경기가이드. 도서출판 무지개사.

박미애(2003). 포환던지기 오브라이언 투법과 도르크 투법의 지면반력 비교. 인천대학교 교육대학원. 석사학위논문.

오봉석(2000). 육상경기던지기. 도서출판 대한미디어.

최태호(2009). 투척선수의 상해경험에 따른 스포츠탈진이 경쟁불안에 미치는 영향. 한국체육대학교 대학원. 석사학위논문.

박정기(1992). 육상꿈나무선수지도방법. 한국육상진흥회.

선지인(2014). 복합트레이닝이 고등학교 투척선수의 유연성 및 요부근력에 미치는 영향.

정문석(2003). 포환던지기 자세가 기록에 미치는 영향.

최태호(2009). 투척선수의 상해경험에 따른 스포츠탈진이 경쟁불안에 미치는 영향.

홍순모(2002). 원반던지기 기술동작의 운동학적 분석

조엘 스미스(2022). 스피드 스트렝스. 대성의학사

마이클 보일(2019). 뉴 펑셔널 트레이닝 포 스포츠. 대성의학사

마크 리피토(2019). 스타팅 스트렝스(바벨 훈련의 첫걸음). 대성의학사

Jay Silvester(2002). COMPLETE BOOK OF THROWS. Human Kinetics

Dave Hahn(2013). Teaching The Shot Put(The Coach The Throws Guide)

그림목차

그림 1. 어린 선수의 훈련 p15

그림 2. 포환던지기(글라이드) p27

그림 3. 포환던지기 용기구 및 장비 규칙 p28

그림 4. 힘의 공존 p34

그림 5. 던지는 방향 p35

그림 6. The Back(포환던지기) p38

그림 7. The Middle(포환던지기) p39

그림 8. The Front(포환던지기) p41

그림 9. 원반던지기 용기구 및 장비 규칙 p48

그림 10. Flight of the Discus p54

그림 11. 에어포일 디자인 p55

그림 12. The Back(원반던지기) p59

그림 13. The Middle(원반던지기) p61

그림 14. The Front(원반던지기) p63

그림 15. 관찰에 대한 요소 p70

그림 16. Throwing Phase 1 p84

그림 17. Throwing Phase 2 p84

그림 18. Left Foot Pivot 90° 180° 360° p89

그림 19. Giant Step p90

그림 20. 180° Wheel (Right Foot Pivot) p91

그림 21. Keep One's Balance p92

그림 22. Twister (Right Foot 'Twisterl' Effect Side) p93

그림 23. Turn On The Line Side Start (10~20m) p94

그림 24. Full Turn p94

그림 25. Hip to Hurdle p95

그림 26. Pop-Ups Drill(Standing & Step in) p97

그림 27. Banded Twister(Side Start) p99

그림 28. Cone Drill p101

그림 29. Blocking p103

그림 30. Sweep Leg p104

그림 31. Back Kick p105

그림 32. 주기화 트레이닝 p110

그림 33. 주기화 훈련주기 p115

그림 34. 훈련세션 계획하기 p116

그림 35. 훈련 따른 그룹별 SPARQ TEST 결과 p129

그림 36. High Bar Squat와 Low Bar Squat p132

그림 37. Bench Press와 Press p136

그림 38. 데드리프트(Deadlift) p139

그림 39. 피라미드 & 역피라미드 세트 p144

그림 40. Pullover Crunch p154

그림 41. Chest Toss p155

그림 42. Overhead Throw p156

그림 43. Side Toss p156

그림 44. Half Kneeling Rotational Throw p157

그림 45. Sit-up and Throw p158

그림 46. Leg Toss p158

그림 47. Shot p159

그림 48. Slam p160

표목차

표 1. 전형적인 실수(Typical Faults) p78

표 2. Basic Rotation Drill p87

표 3. Wall Ball Training p153

The
Beautiful Throw
ROTATIONAL SHOT PUT & DISCUS THROW

1판 1쇄 펴낸날 2023년 8월 8일

글 최태호

펴낸곳 경옥초이

이메일 kochoibooks@gmail.com

출판등록 2020년 8월 8일 제251-0020-000182호

ISBN 979-11-973365-8-4

Copyright ⓒ최태호 2023, All right reserved

이 책은 저작권법에 따라 보호받는 저작물이므로 무단전재와 무단복제를 금지하며,
이 책 내용의 전부 또는 일부를 이용하려면 반드시 저작권자와 출판사 양측의 서면 동의를 받아야 합니다.